엄마는 바쁘니까,
15분
뚝딱 밥상

엄마는 바쁘니까, 15분 뚝딱 밥상

초판 1쇄 발행 2016년 5월 9일 초판 4쇄 발행 2020년 2월 19일

지은이 다소마미(유경아)
펴낸이 연준혁

편집 1본부 본부장 배민수
편집 6부서 부서장 정낙정
디자인 김성엽의 디자인모아
포토그래퍼 정준택(fun studio)
푸드스타일리스트 김보선, 박재원(스튜디오 로쏘)
푸드스타일리스트 어시스트 이기현
요리 어시스트 김보은

펴낸곳 ㈜위즈덤하우스 미디어그룹
출판등록 2000년 5월 23일 제 13-1071호
주소 경기도 고양시 일산동구 장항동 정발산로 43-20 센트럴프라자 6층
전화 031-936-4000 팩스 031-903-3895 홈페이지 www.wisdomhouse.co.kr

값 14,800원 ISBN 978-89-98010-48-5 13590
ⓒ 유경아, 2016

* 이 책의 전부 또는 일부 내용을 재사용하려면
  사전에 저작권자와 ㈜위즈덤하우스 미디어그룹의 동의를 받아야 합니다.
* 인쇄·제작 및 유통상의 파본 도서는 구입하신 서점에서 바꿔 드립니다.

국립중앙도서관 출판시도서목록(CIP)

엄마는 바쁘니까, 15분 뚝딱 밥상 / 지은이: 유경아. -- 고양 : 위즈덤스타일, 2016
   p. ;   cm

색인수록
ISBN 978-89-98010-48-5 13590 : ₩14800

조리법[調理法]

594.5-KDC6
641.5-DDC23   CIP2016009985

엄마는 바쁘니까,
15분
뚝딱 밥상

글·요리 **다소마미**

초간단 재료로 빠르고 맛있게 만드는 다소마미의 냉장고 요리 노하우

위즈덤하우스

Prologue

'다소마미닷컴(dasomammy.com)'이라는 요리사이트를 운영한 지도 벌써 12년이 되었습니다. 처음엔 그저 취미생활이자 정보를 공유할 목적으로 시작한 블로그라서 이렇게 오랫동안 유지할 수 있을 거라곤 상상도 못 했어요. 그래도 나름 저만의 공간에서 이웃님들과 요리와 육아에 대한 정보도 나누고 수다도 떨며 잊지 못할 추억도 쌓았고요, 너무나 감사하게도 많은 분이 제 요리를 좋아해 주신 덕분에 그동안 10여 권의 책을 출간할 수 있었습니다.

제가 12년간 가장 많이 받았던 질문이 하나 있어요. 알고 보면 너무도 뻔하지만, 엄마들의 최대 고민거리인 문제 그리고 여러분이 지금 당장 궁금해하시는 바로 그 질문이 맞습니다.

"다소마미님, 요즘 뭐 해먹어요?"

이 질문을 해석하면 "화려하고 폼 나는 특별한 요리가 아니라, 바쁜 와중에 쉽고 맛있게 할 수 있는 요리가 없을까요?"라는 뜻인 걸, 저도 두 아이의 엄마이기에 너무도 잘 알고 있습니다. 수험생 자녀를 두었거나 직장에 다니느라 아침에 눈코 뜰 새 없이 바쁜 엄마, 비가 오나 눈이 오나 아침을 꼭 먹고 출근하는 남편을 둔 아내, 세상 모든 엄마이자 아내로 살아가는 우리의 숙명을 어찌하겠어요. 매번 뭐 해먹을까 끼니 걱정에 하루가 다 가지만, 이왕 밥해 먹고 사는데 조금이라도 쉽고 즐겁게 요리해야죠. 그래서 이 모든 고민을 명쾌하게 해결할 수 있는 좋은 방법이 없을까 늘 생각해왔습니다.

그러다가 하루는 우리 집 식탁에 오르는 요리를 찬찬히 살펴봤어요. 제철재료만 먹는 것도 아니고 몸에 좋은 것만 먹는 것도 아니더라고요. 바쁜 엄마라 할지라도 15분이면 뚝딱 만들어낼 수 있는 요리의 비밀, 알고 보니 우리 집 식단에 있었습니다. 특별한 건 없어요. 그저 우리가 번번이 장바구니에 담는 값싸고 친숙한 식재료와 가공식품, 통조림제품, 냉동식품으로 남들과 조금 다르게 만드는 것뿐이죠. 일손을 덜어주는 영리한 재료에 엄마만의 내공으로 요리 노하우를 곁들이면 조리과정이 수월해집니다. 물론 요리하는 시간도 줄어들고요. 당연히 맛은 업그레이드되니까 저만 믿고 요리해보세요.

이 책은 우리 집 냉장고와 찬장에 있는 재료별로 요리를 묶어보았는데요,

파트 1. 국민식재료로 완성한 15분 집밥에서는
장을 볼 때 습관처럼 사는 달걀과 두부, 콩나물 그리고 숙주로 요리했어요. 저렴하고 영양도 많은 데다 요리하기도 쉬운 재료이지만, 식구들에겐 싫증 나는 반찬이 되었을지도 몰라요. 그런 분들을 위해 같은 재료에 살짝 다른 양념을 더하고 새로운 조리법을 보태서 참신한 요리를 선보입니다.

파트 2. 유통기한 짧은 냉장실재료로 만드는 15분 요리에서는
아이가 좋아한다는 핑계로 구입한 소시지와 햄, 베이컨, 어묵, 맛살을 건강하고 맛있게 조리했어요. 학교급식보다 맛있게, 식당반찬보다 건강하게 조리하는 법을 담았으니까, 가끔은 밑반찬이 아닌 근사한 요리로 변신시켜보세요.

파트 3. 통조림이 요리의 주인공이 되는 15분 레시피에서는
싱크대 한편에 쌓여 있는 참치, 꽁치, 옥수수, 스팸, 골뱅이, 닭가슴살통조림 등을 깔끔하고 맛있게 요리하는 방법을 알려드려요. 선조들의 염장법을 재해석한 똑똑한 저장식품 통조림만 있으면 냉장고가 텅텅 빈 날도 반찬 걱정 없답니다.

파트 4. 냉동식품으로 맛을 업그레이드한 15분 한 끼에서는
대형마트에 가면 한두 봉지씩 사게 되는 냉동만두, 순살치킨, 떡갈비, 너비아니, 돈가스를 새로운 메뉴로 재탄생시켰어요. 양념을 추가하면 유행하는 간식이, 재료를 추가하면 학교 앞 인기 분식메뉴가 되니 요리 잘하는 엄마라는 칭찬을 들을 수 있어요.

파트 5. 요리계 신스틸러 재료로 맛 낸 15분 식사에서는
비상식량으로 준비한 카레, 짜장, 사골육수, 라면, 파스타소스로 맛을 냈어요. 한식이 질렸을 때 집에서 즐기는 세계요리로 어느새 우리 집은 홈레스토랑! 이 메뉴들만 정복해도 외식비가 훌쩍 줄어들 거예요.

자고 일어나면 달라지는 세상. 이젠 엄마들도 숨 좀 돌릴 시간이 필요합니다. 발 빠르게 변하는 현실만큼 요리도 조금은 편안하게 바뀌어야 하지 않을까요? 조리법은 빠르고 간단해졌지만, 가족의 건강을 생각하며 차린 밥상이라면 이것이야말로 현대판 엄마의 집밥이 아닐까 싶습니다. 재료와 메뉴는 바뀌어도 엄마의 정성은 늘 한결같으니까요.

다소마미

[Contents]

012 · 15분 요리 계량법
013 · 15분 요리 썰기
014 · 15분 요리 스피드 식재료
018 · 15분 요리 업그레이드 식재료
020 · 15분 요리 육수 레시피
021 · 15분 요리 스피드 쿠킹 팁

Part 1.
국민식재료로 완성한 15분 집밥
달걀, 두부, 콩나물, 숙주

달걀
- 024 · 달걀버터밥
- 026 · 달걀우동
- 028 · 달걀잡채부침
- 030 · 홍차달걀장조림
- 032 · 토마토달걀탕
- 034 · 달걀샌드위치
- 036 · 일본식게살달걀부침
- 038 · 달걀밥전
- 040 · 베이컨스크램블드에그
- 042 · 달걀볶음밥
- 044 · 달걀치즈피자
- 046 · 교리김밥
- 048 · 포차달걀말이

두부
- 050 · 두부데리야키덮밥
- 052 · 고추장두부찌개
- 054 · 두부채소조림
- 056 · 두부국수
- 058 · 두부두루치기
- 060 · 두부샐러드
- 062 · 일본식두부튀김
- 064 · 중국식두부볶음
- 066 · 매운두부전골
- 068 · 초간단두부보쌈
- 070 · 연두부수프

콩나물
- 072 · 소고기콩나물비빔밥
- 074 · 콩나물부추무침
- 076 · 콩나물비빔국수
- 078 · 콩나물오징어국밥
- 080 · 콩나물제육볶음
- 082 · 콩나물된장국
- 084 · 콩나물겨자채
- 086 · 대하콩나물찜

숙주
- 088 · 차돌박이숙주샐러드
- 090 · 김치숙주부침개
- 092 · 삼겹살숙주찜
- 094 · 해물숙주볶음
- 096 · 청포묵숙주무침

Part 2.
유통기한 짧은 냉장실재료로 만든 15분 요리
―――――――― 소시지, 햄, 베이컨, 어묵, 맛살

소시지
- 100 · 소시지스튜
- 102 · 밥도그
- 104 · 소시지채소볶음
- 106 · 카레부대찌개

햄
- 108 · 햄마끼
- 110 · 오이햄볶음
- 112 · 햄오므라이스
- 114 · 햄크로켓

베이컨
- 116 · 마늘종베이컨말이
- 118 · 베이컨버섯웜샐러드
- 120 · 김치베이컨부리또
- 122 · BLT샌드위치
- 124 · 브런치감자
- 126 · 양배추베이컨볶음
- 128 · 사과소스베이컨샐러드

어묵
- 130 · 매운어묵김밥
- 132 · 김치어묵칼국수
- 134 · 어묵잡채
- 136 · 어묵콩나물조림
- 138 · 어묵조개탕
- 140 · 어묵양파덮밥
- 142 · 양념치즈핫바
- 144 · 어묵냄비우동
- 146 · 어묵마요무침
- 148 · 어묵매운탕
- 150 · 어묵마늘종볶음

맛살
- 152 · 맛살채소전
- 154 · 맛살파강회
- 156 · 맛살미역냉채
- 158 · 칠리크랩샌드위치
- 160 · 맛살채소볶음
- 162 · 콩나물맛살무침

Part 3.
통조림이 요리의 주인공이 되는 15분 레시피
참치, 연어, 꽁치, 고등어, 햄, 골뱅이, 옥수수, 닭가슴살통조림

참치통조림
- 166 · 튜나멜트샌드위치
- 168 · 참치김치죽
- 170 · 참치연근전
- 172 · 캠핑찌개
- 174 · 참치채소비빔밥
- 176 · 참치김치주먹밥
- 178 · 참치마카로니그라탱
- 180 · 참치케사디야
- 182 · 참치리소토
- 184 · 참치강된장
- 186 · 참치카레밥

연어통조림
- 188 · 연어토스트
- 190 · 연어주먹밥구이
- 192 · 연어감자전
- 194 · 깨소스연어샐러드
- 196 · 구운연어덮밥

꽁치통조림
- 198 · 꽁치감자조림
- 200 · 꽁치김치찌개
- 202 · 꽁치육개장
- 204 · 꽁치완자

고등어통조림
- 206 · 고등어엿장조림
- 208 · 고등어쌈장
- 210 · 고등어김치말이찜

통조림햄
- 212 · 두부스팸조림
- 214 · 김치스팸덮밥
- 216 · 스팸코브샐러드
- 218 · 스팸감자볶음
- 220 · 스팸월남쌈
- 222 · 스팸꼬치전

옥수수통조림
- 224 · 콘소스샐러드
- 226 · 옥수수참치전
- 228 · 콘치즈토스트

골뱅이통조림
- 230 · 골뱅이비빔쫄면
- 232 · 골뱅이마늘튀김
- 234 · 골뱅이묵무침
- 236 · 골뱅이채소볶음
- 238 · 골뱅이발사믹샐러드
- 240 · 골뱅이콩나물무침

닭가슴살통조림
- 242 · 닭고기장조림
- 244 · 닭가슴살미소된장국
- 246 · 치킨베이크
- 248 · 닭가슴살카레샐러드
- 250 · 닭고기양파전
- 252 · 크랜베리치킨샌드위치

Part 4.
냉동식품으로 맛을 업그레이드한 15분 한 끼
───────── 냉동만두, 냉동순살치킨, 떡갈비, 너비아니, 냉동돈가스

냉동만두
- 256 · 삼선만둣국
- 258 · 비빔만두
- 260 · 만두떡강정
- 262 · 군만두샐러드
- 264 · 만두전골
- 266 · 만두그라탱
- 268 · 뚝배기만두

냉동순살치킨
- 270 · 칠리치킨
- 272 · 치킨레몬탕수
- 274 · 파닭
- 276 · 치킨월도프샐러드
- 278 · 치킨토르티야랩

떡갈비 · 너비아니
- 280 · 떡갈비비빔밥
- 282 · 떡갈비데리야키덮밥
- 284 · 너비아니오니기라즈
- 286 · 너비아니부추샐러드
- 288 · 너비아니무쌈
- 290 · 너비아니깻잎쌈밥

냉동돈가스
- 292 · 카레돈가스덮밥
- 294 · 김치돈가스나베
- 296 · 돈가스롤
- 298 · 돈가스샌드위치
- 300 · 가츠동
- 302 · 매운치즈돈가스

Part 5.

요리계 신스틸러 재료로 맛 낸 15분 식사

카레가루, 짜장(춘장), 사골육수, 라면, 토마토파스타소스, 크림파스타소스

카레가루
- 306 · 카레순두부찌개
- 308 · 카레부추전
- 310 · 마카로니카레샐러드
- 312 · 토르티야카레치즈딥
- 314 · 카레불닭
- 316 · 카레볶음우동
- 318 · 카레피클

짜장(춘장)
- 320 · 해물짜장덮밥
- 322 · 돼지고기짜장볶음
- 324 · 쟁반짜장

사골육수
- 326 · 명동칼국수
- 328 · 사골떡만둣국
- 330 · 나가사키짬뽕

라면
- 332 · 봉골레라면
- 334 · 라볶이
- 336 · 땅콩소스라면샐러드
- 338 · 굴짬뽕라면

토마토파스타소스
- 340 · 매콤뚝배기파스타
- 342 · 토마토소스해물찜
- 344 · 포테이토피자

크림파스타소스
- 346 · 크림소스홍합찜
- 348 · 단호박크림파스타
- 350 · 불고기도리아

- 352 · Index – 요리 이름별 (가나다순)
- 354 · Index – 요리 종류별 (밥, 국물, 반찬 등)

15분 요리 계량법

이 책에 실린 160가지 요리는 계량스푼과 계량컵으로 계량했어요. 여러분께 정확한 레시피로 간이 딱 맞는 요리를 소개하고 싶어서요. 계량도구가 없는 분들도 걱정하지 마세요. 집에 있는 밥숟가락을 1큰술로, 찻숟가락을 1작은술로, 기본 유리컵(맥주컵)을 1컵으로 사용해서 계량하시면 돼요.

15분 요리 썰기

모든 재료를 고르게 익히면서 짧은 시간에 조리하려면 써는 방법이 중요해요. 음식의 식감, 용도, 조리방법에 따라 재료를 가늘거나 작게, 네모나거나 둥글게 썰면 요리가 훨씬 맛있어지고 익히는 시간도 줄일 수 있거든요. 기본적인 썰기공식만 이해하면 요리의 밑준비가 한결 쉬워질 거예요.

깍둑 썰기
재료를 주사위 모양의 정사각형으로 써는 방법이에요. 카레, 깍두기, 마파두부 등을 요리할 때 쓰여요.

네모나게 썰기
재료를 한입 크기의 납작한 네모 모양으로 써는 방법이에요. 볶음, 찌개, 국 등에 다양하게 쓰여요.

채 썰기
재료를 길고 가늘게 써는 방법이에요. 재료의 넓은 단면을 가늘게 썰어 포갠 다음 다시 가는 막대 모양으로 썰어요.

송송 썰기
고추, 파 등의 재료를 동그란 모양 그대로 가늘게 써는 방법이에요. 국물요리나 볶음요리의 토핑으로 적당해요.

어슷 썰기
재료를 사선 방향으로 비스듬하게 써는 방법이에요. 파, 고추, 오이 손질에 많이 쓰여요.

링 썰기
속이 빈 피망, 파프리카, 겹으로 이루어진 양파나 토마토 같은 재료를 가로 방향으로 썰어서 링 모양을 살리는 방법이에요.

반달 썰기
호박, 감자, 오이 등 둥근 재료를 세로로 길게 2등분한 뒤 반달 모양으로 써는 방법이에요.

다지기
칼로 재료를 여러 번 깍둑 썰기하며 잘게 써는 방법이에요. 마늘, 파, 고추나 볶음밥 재료에 많이 쓰여요.

15분 요리 스피드 식재료

● 냉동 보관-한 달 안에 소비해야 하는 재료

채소나 고기, 생선 등 신선식품을 사다 놓으면 종종 제때에 먹지 못하고 버릴 때가 많아요. 그래서 되도록이면 냉장실 안에는 며칠 안에 먹을 수 있는 재료만 사다 놓죠. 그리고 바빠서 장을 보지 못할 때를 대비해 냉동실에 다양한 제품을 갖춰놓아요. 비록 반조리제품이지만 채소로 영양을 보충하고 엄마의 양념으로 맛을 보태면 가족들도 잘 먹고 엄마도 일손을 덜 수 있어 참 편리해요.

냉동만두

처음엔 굽고 찌고 끓여서 열심히 먹던 만두가 어느 순간 절반 이상 남아 있지 않나요? 만두는 그 자체로 든든한 식품이라서 해장만둣국, 전골, 뚝배기탕도 끓이고 강정과 그라탱 같은 별미도 만들 수 있어요.

냉동순살치킨

닭을 가공해서 만든 너겟과 순살치킨은 아이들이 너무 좋아해서 냉동실에 늘 대기 중이에요. 평소에는 채소와 함께 먹을 수 있도록 샐러드, 샌드위치 등으로 응용하고요, 저녁에는 파닭, 칠리치킨, 치킨탕수도 만들어주니 외식비가 한결 줄어들어요.

떡갈비, 너비아니

도시락반찬이나 비상반찬으로 사놓은 떡갈비, 너비아니를 매번 구워만 주면 나중에 꼭 몇 개씩 남기더라고요. 그래서 밥과 함께 비빔밥, 덮밥, 쌈밥 등을 만들어서 소스를 달리해주었더니 남기지 않네요. 그 외에 샐러드, 무쌈으로 상큼하게 즐겨요.

돈가스

돈가스는 누구나 좋아하지만 시판냉동돈가스는 생각보다 금방 질려요. 그래서 남은 돈가스를 롤, 샌드위치, 매운치즈돈가스, 나베요리 등으로 응용했더니 가족들이 일본식당에 온 것 같다며 너무 좋아해요. 돈가스를 더 맛있게 요리하는 법, 어렵지 않답니다.

● 냉장 보관-며칠 안에 소비해야 하는 재료

냉장실 재료는 냉동실이나 상온에 둔 제품에 비해 유통기한이 짧아 빠르게 소비해야 해요. 주로 가격이 저렴한 제철채소나 집밥을 만들 때 자주 쓰는 달걀, 두부, 콩나물, 이제는 국민반찬이 된 햄과 어묵 등이 주를 이루죠. 금방 시들거나 상할 수 있으니 요리조리 응용해서 맛있는 요리로 즐겨볼까요?

달걀

냉장고가 텅텅 비었어도 달걀만 있으면 어느 정도 안심이 돼요. 달걀프라이, 달걀말이, 달걀밥 등 해먹을 수 있는 음식이 무궁무진하거든요. 지금껏 몰랐던 다양한 달걀요리로 요리시간을 더 짧게, 밥상을 더욱 맛있게 해드릴게요.

두부

부쳐 먹고 조려 먹고 찌개에 넣어 먹던 두부. 앞으로는 일식, 중식요리는 물론 국수, 보쌈, 수프 등 다양한 방법으로 즐길 수 있게 될 거예요. 두부가 남았을 때는 밀폐용기에 두부를 넣고 물을 부어 냉장실에 보관해주세요.

콩나물

국도 끓이고 나물도 무치고 라면에도 넣어 먹는 콩나물은 값싸고 맛있는 데다 푸짐하기까지 하죠. 같은 재료로 매번 같은 요리만 하지 말고 제육볶음에도 넣고 냉채도 만들고 다른 재료와 함께 나물도 해봐요. 식구들도 반찬 투정하지 않을 거예요.

숙주

콩나물과 번갈아 가며 상에 자주 내는 재료예요. 다른 재료와 같이 볶아도 맛있고 국물요리, 부침개에 넣어도 씹는 맛이 살아 있어요. 숙주는 많이 익히면 물이 생기고 맛이 없어지니 마지막에 넣어 살짝만 익혀주세요.

소시지, 햄

가족 모두 좋아하는 소시지와 햄은 구워서만 먹어도 맛있지만 채소와 섞어서 부대찌개나 스튜, 크로켓, 볶음반찬 등을 만들 수 있어요. 먹고 남겨 냉장고에서 묵히지 말고 맛있는 반찬으로 만들어봐요.

베이컨

베이컨은 먹다 남아도 걱정 없어요. 반찬, 브런치요리, 일품요리 등 베이컨으로 할 수 있는 음식이 너무너무 많거든요. 한 번 먹을 양만큼 밀봉해서 냉동실에 두었다가 해동해서 사용하셔도 좋아요.

어묵

어묵은 양념을 바꾸어가며 무침, 볶음, 조림 등 다양한 맛으로 먹을 수 있어요. 또 집에서 자주 해먹는 떡볶이에도 빠질 수 없고요. 값싸고 양 많은 어묵이 덮밥, 간식, 근사한 요리가 되는 과정을 보여드릴게요.

맛살

맛살은 샌드위치 재료로 써도 맛있고, 채소와 함께 조리하면 채소 맛이 확연하게 살아서 반찬 재료로 훌륭해요. 냉채, 볶음, 전, 무침 등 다양한 조리법으로 즐겨봐요.

● 상온 보관-유통기한이 길지만 방심할 수 없는 재료

상온에 보관하는 제품은 유통기한이 꽤 긴 편이에요. 하지만 방심하다 보면 유통기한이 훌쩍 지나가 먹지 못하고 버리게 되는 경우가 다반사죠. 게다가 밀봉된 포장을 뜯으면 유통기한이 급격히 짧아지기 때문에 며칠 안에 먹는 게 좋아요. 참치, 꽁치, 옥수수 등을 가공한 통조림제품, 카레, 짜장, 사골육수, 라면, 파스타소스처럼 간편한 재료 등 어느 집이든 비상식량으로 비축해두면 활용도 만점인 제품을 소개합니다.

참치통조림
명절선물로 잔뜩 들어온 참치로 참치김치찌개도 끓이고 김밥도 말아보지만 찬장에 쌓인 통조림은 쉽게 줄지 않죠. 많은 참치를 언제 다 먹나 고민하지 않도록 죽, 그라탱, 주먹밥, 케사디야, 강된장 등 다양한 요리로 응용하는 레시피를 소개할게요.

연어통조림
고유의 훈제향이 살아 있는 연어통조림을 어떻게 요리할까 궁금하시죠? 연어는 참치보다 기름이 적고 담백해서 덮밥, 주먹밥구이 등 일본요리를 만들 때 제격이에요. 통조림 한 캔을 사용해서 한 끼 식사를 제대로 챙겨봐요.

꽁치 · 고등어통조림
겨울에는 꽁치나 고등어통조림만 있으면 반찬 걱정을 덜어도 돼요. 잘 익은 김장김치와 함께 끓이기만 해도 맛있는 반찬이 되니까요. 그 외에도 육개장, 생선조림, 쌈장 등 통조림으로 손쉽고 맛있게 할 수 있는 요리가 많으니 기대하셔도 좋아요.

통조림햄
통조림햄은 소시지나 햄에 비해 고기맛이 진하고 특유의 향이 있어 구워 먹으면 맛있어요. 하지만 구워만 먹으면 질리니까 조림반찬, 덮밥, 볶음, 샐러드 등 다양한 방식으로 기발하게 요리해봐요. 다른 재료와 함께 요리하면 짠맛도 줄어서 더 맛있어요.

옥수수통조림
달콤하고 부드러운 옥수수가 먹고 싶어서 가끔 한 캔씩 사오지만 한꺼번에 다 먹긴 힘들어 매번 남기셨을 거예요. 이제는 갈아서 샐러드소스로, 기름에 부쳐서 전으로, 식빵에 뿌려 토스트로 먹으면 남기는 것 하나 없이 알차게 먹을 수 있답니다.

골뱅이통조림
안주로만 먹었던 골뱅이는 다양한 반찬을 만들 수 있는 좋은 재료예요. 쫄깃한 식감을 살린 튀김, 볶음, 샐러드 등 밥반찬으로도 잘 어울리는 요리를 알려드릴게요.

닭가슴살통조림
닭가슴살은 단백질 함량이 높아서 성장기 아이가 있는 가정이나 다이어트 하는 분들이 꼭 챙기는 식재료예요. 요즘은 통조림제품이라도 고기가 퍽퍽하지 않고 부드러워서 생닭가슴살로 조리하는 모든 요리를 닭가슴살통조림으로 대체할 수 있어요.

카레가루
카레가루는 카레를 끓이는 용도 외에도 양념으로 쓰이는 곳이 많아서 아예 소금통같이 작은 구멍이 있는 밀폐양념통에 담아 보관해요. 샐러드, 무침, 우동, 고기요리 등에 조금만 넣어도 이국적인 맛과 향, 고운 색을 즐길 수 있죠.

짜장(춘장)
짜장은 춘장을 기름에 볶아서 만들어요. 짜장분말로도 짜장을 만들 수 있지만 춘장이 훨씬 맛이 좋더라고요. 짜장면, 짜장밥 외에 고기를 볶거나 반찬양념으로 쓰면 색다른 맛을 내요.

사골육수
이젠 요리의 밑국물로 사골육수가 필요하면 걱정하지 않아요. 요즘은 시판육수가 너무 잘 나오거든요. 칼국수, 만둣국, 나가사키짬뽕 등 모두가 좋아하는 든든한 요리를 쉽고 빠르게 만들어줘요. 알고 보면 우리 집 요리의 일등공신이랍니다.

라면
집에 라면 한 봉지씩은 있으시죠? 맛이 궁금해서 샀는데 입맛에 맞지 않거나 너무 많이 먹어서 손이 가지 않는 라면이 있다면, 조리방법과 양념을 바꿔 근사한 요리처럼 변화를 주세요. 분식, 중식, 동남아풍요리까지 라면 하나로 마스터할 수 있어요.

토마토파스타소스 · 크림파스타소스
파스타소스만 구비해두면 손님이 오셔도, 아이들이 양식을 해달라고 해도 걱정 없어요. 토마토파스타와 크림파스타, 서양식해물찜, 토르티야피자, 도리아 등 패밀리레스토랑에서나 먹을 수 있는 특별한 요리를 일상적으로 만들 수 있게 도와주니까요.

15분 요리 업그레이드 식재료

● 냉동 보관–얼려두면 요리가 풍성해지는 재료

이 책에 메인재료로 쓰인 만두, 돈가스, 순살치킨 외에도 갖춰두면 쓸모 있는 냉동식재료를 알려드릴게요. 한식을 양식으로 바꾸는 등 변화무쌍하게 요리를 업그레이드시켜 주는 제품, 다른 식재료와 만나 요리의 맛을 훨씬 풍성하게 만드는 똑똑한 먹거리를 모아봤어요. 이제 냉동실만 열어도 재료가 풍성해서 어떤 요리든 할 수 있겠죠? 제가 매일매일 메뉴에 대한 고민 없이 밥상을 뚝딱 차려내는 비밀이랍니다.

냉동해물믹스

저는 집에 냉동해물믹스가 떨어지지 않게 꼭 챙겨놔요. 집에 신선한 해산물이 없어도 국이나 찌개, 볶음요리 등에 넣으면 요리가 더 고급스러워지고 풍성해지거든요. 매번 장을 봐서 해산물을 손질하는 수고도 덜어주니 요리를 한결 빠르고 쉽게 완성할 수 있어요.

식빵

식빵은 사오자마자 먹을 만큼만 덜어두고 바로 냉동하세요. 필요할 때마다 실온에서 녹여 먹거나 프라이팬, 토스터에 살짝 구우면 샌드위치나 토스트용으로 쓰기 좋아요.

토르티야

아이가 있는 집이라면 토르티야가 꼭 필요해요. 토르티야에 피자치즈 뿌려 구워주면 피자가 되고, 볶음밥을 넣고 도르르 말면 부리또가, 채소와 햄을 넣고 접어주면 샌드위치가 돼요. 사용 후에 남는 제품은 꼭 냉동실에 보관해주세요.

피자치즈

피자치즈만 있으면 단순한 볶음밥과 주먹밥, 파스타도 패밀리레스토랑에서 먹는 것처럼 근사하게 변해요. 완성된 음식에 치즈를 살짝 뿌려 오븐이나 전자레인지에 넣고 가열해주면 되니 정말 쉽죠? 아이들 간식이나 남편 술안주를 만들 때도 참 좋아요.

다진 생강

생강은 매일 사용하진 않지만 고기, 해산물 요리에 가끔 쓰여요. 하지만 쓸 때마다 구입하자니 매번 절반 이상 남은 생강이 냉장실 구석에서 무르고 썩어 오래 보관하기 어려워요. 그래서 다진 생강을 큐브 형태로 얼린 제품을 마련해두면 하나씩 똑똑 꺼내어 쓰기 편해요.

● 냉장 보관-요리에 감칠맛을 더해주는 양념

고추장, 된장, 고춧가루 등 한식의 기본양념은 다 가지고 계실 거예요. 이것만으로도 어지간한 한식은 만들 수 있지만, 몇 가지 양념만 더 마련해두면 음식맛이 한 단계 높아지고 양념을 만들 때 품이 덜 들어요. 특히 참치액과 쯔유, 굴소스, 데리야키소스는 음식솜씨가 없는 분들이 조금씩 사용하면 요리맛이 확 살아나죠. 양념을 개봉하고 난 뒤에는 냉장실에 두고 사용하세요.

참치액

참치액은 제가 강력하게 추천하는 제품이에요. 육수 없이 국물요리를 할 때나 볶음, 무침 등 간장이나 액젓이 들어가는 요리에 넣으면 맛이 몰라보게 풍부해져요. 가쓰오부시라고 알려진 훈연참치와 다시마, 무를 농축시켜 만들어서 간장보다 깊은 감칠맛과 향을 내줘요.

쯔유

쯔유는 참치액과 마찬가지로 훈연참치를 베이스로 하여 만들어졌어요. 일본의 맛간장이라고 생각하시면 됩니다. 참치액과 용도가 비슷해서 두 제품 중 하나만 구비하셔도 돼요. 단, 브랜드마다 짠맛의 정도가 다르니 간을 보며 넣는 양을 조절해주세요.

굴소스

요리에 적은 양을 넣어도 입 안에 착 감기면서 짭짤하고 농후한 맛을 내요. 볶음밥, 볶음요리 등에 많이 쓰이죠. 소스 자체의 짠맛이 강하니 굴소스를 넣을 때는 간장이나 소금 간을 줄여주세요.

레몬즙

식초만으로는 표현할 수 없는 신선함과 상큼함을 가지고 있어 샐러드소스, 샌드위치소스 등을 만들 때 자주 사용해요. 월남쌈을 적시는 물에 레몬즙 몇 방울 넣어 사용해도 좋고, 식초가 들어가는 모든 요리에 함께 사용하면 요리가 한결 향긋해져요.

데리야키소스

달달하고 짭조름한 데리야키소스는 어느 재료에나 잘 어울려요. 주로 냄비에 간장, 맛술, 설탕 등을 넣고 끓여서 만들죠. 바쁠 땐 전자레인지에 가열해 만들 수도 있지만 그마저도 여의치 않을 땐 시판 제품을 사용해요. 조림, 덮밥 등 다양한 용도로 손쉽게 쓸 수 있어요.

15분 육수 레시피

뭐니 뭐니 해도 한식 국물요리의 기본은 진하고 감칠맛 나는 육수에서 나오죠. 멸치와 다시마로 밑국물을 미리 만들어두면 요리시간도 줄어들고 음식맛도 좋아지니까 한꺼번에 많이 만들어 두세요. 냉장실이나 냉동실에 보관했다가 필요할 때마다 꺼내쓰면 정말 편리해요.

멸치다시마육수는 어떤 요리에 써도 잘 어울리는 만능육수예요. 진하고 시원한 육수가 음식의 기본을 탄탄하게 해줘 조미료가 들어가지 않아도 감칠맛을 내줘요.

재료 : 국멸치 2컵, 다시마(5x5cm) 3장, 물 15컵

멸치다시마육수

1 냄비에 머리와 내장을 제거한 국멸치와 다시마, 물을 넣어 강불에서 팔팔 끓이고,

2 5분간 더 끓이다가 다시마를 건져내고,

3 중불에서 15분간 더 끓여 멸치를 건져낸 뒤 식혀서 병에 담아내요.

다시마육수는 찬물에 오직 다시마만을 넣고 우려 살짝 끓여내는 것이 포인트예요. 멸치나 고기를 사용하지 않아 진한 맛은 덜하지만, 그만큼 불필요한 맛이나 냄새가 나지 않아서 요리 본연의 감칠맛과 깔끔함을 더해줘요.

재료 : 다시마(5x5cm) 3장, 물 5컵

다시마육수

1 찬물에 다시마를 담가 30분간 우리고,

2 우러난 다시마물과 다시마를 냄비에 넣어 강불에서 팔팔 끓이고,

3 5분간 더 끓여 다시마를 건져낸 뒤 식혀서 병에 담아내요.

15분 요리 스피드 쿠킹 팁

요리를 잘하는 사람은 손이 빠르기도 하지만, 그보다 요리를 시작하기 전에 요리의 순서를 먼저 계산해요. 무엇을 먼저 해야 할지 결정하고 움직이면 요리 시간이 한결 단축되니까요. 단순한 공식이지만 요리를 할 때마다 떠올리면서 15분 요리를 완성해봐요.

● 양념장이나 소스를 먼저 만들어요

요리할 때 대부분 재료를 써는 일부터 먼저 하시죠? 요리 순서를 살짝만 바꿔보세요. 양념장, 소스, 드레싱, 밑간 등 양념을 섞어서 써야 하는 경우, 칼질보다 섞는 과정을 먼저 해주세요. 양념을 미리 섞어두면 양념이 서로 어우러지며 잠깐이라도 숙성되어 훨씬 맛있어져요. 고춧가루 같이 겉도는 재료는 잘 불어나고, 설탕, 소금은 양념장 안에서 잘 녹아들거든요. 또 재료를 손질하면서 싱크대가 정신없어지기 전에 양념을 미리 만들어두니, 싱크대 문을 여닫고 개수대를 치우며 우왕좌왕하는 시간을 단축해줍니다. 단, 재료에 양념을 버무려두어야 하는 경우는 조리순서를 잘 따져보세요.

● 재료 손질은 한꺼번에 하세요

양념장을 만들었으면 그다음엔 세척해야 할 재료를 모아주세요. 한데 모아 손질해가며 잘 씻고 각각의 재료를 알맞게 썰어요. 재료를 썰 때도 도마가 더러워지지 않는 순으로 썰면 도마를 씻는 번거로움을 최소화할 수 있어요. 양파, 호박 같이 도마를 깔끔하게 쓸 수 있는 채소를 먼저 썰고, 김치나 고기 등 도마 세척이 필요한 재료를 마지막으로 썰면 밑준비가 빨라져요. 채소, 고기, 생선을 다루는 도마를 각각 따로 쓰는 것도 좋은 방법이에요.

● 뜨거운 물이 필요하다면 요리를 시작하면서 준비해요

재료를 데치는 뜨거운 물이나 뜨거운 육수가 필요할 땐 양념장 만들기 전, 그러니까 요리의 제일 처음부터 준비해요. 물이 끓으려면 시간이 걸리니까 가스레인지에 미리 올려두고, 물이 끓는 동안 양념장을 만들고 재료를 손질하면 되죠. 가스레인지 대신 집에 있는 전기주전자로 물을 미리 끓여두면 싱크대가 복잡해지지 않는 데다 물이 끓으면서 졸아들지 않아서 좋아요.

● 시판제품과 시판양념을 사용하세요

엄마들은 다 알고 있어요. 봄, 여름, 가을, 겨울 동안 땅에서, 바다에서, 산에서 나는 제철재료가 좋다는 사실을요. 하지만 막상 가족들에게 건강한 음식을 해주고 싶어서 사두면 보관할 수 있는 기간이 짧아 냉장고에서 쉬이 상하기 일쑤예요. 또 데치고, 무치고, 양념하는 등 손이 많이 가는 재료가 많아서 시간이 넉넉할 때 큰맘 먹어야 요리할 수 있어요. 게다가 일명 '초딩입맛'을 가진 남편과 아이는 건강한 음식에 젓가락도 대지 않으니, 안 그래도 바쁜 엄마에겐 고민이 이만저만이 아니죠. 그럴 땐 제철식재료와 시판제품을 적절히 배합하여 사용하세요. 참치 통조림의 기름을 빼고 다양한 잎채소와 밥을 섞어 비빔밥을 만들고, 만두에 각종 채소와 두부를 넣어 전골을 끓여요. 토마토소스와 크림소스를 데워 맛깔스러운 파스타와 서양요리를 만들어도 좋아요. 특별히 손질할 필요 없이 데우거나 구워서 먹을 수 있는 시판식료품, 그리고 완제품으로 나온 시판양념에 철마다 나는 식재료를 첨가해 요리하세요. 마트에서 파는 제품을 잘 활용하면 재료 손질에 들이는 수고를 덜고 양념장을 섞고 조리하는 시간을 대폭 줄여줍니다.

· · · · · · · · · ·

장을 볼 때 습관처럼 챙기는 달걀과 두부, 콩나물 그리고 숙주.
저렴하고 영양도 많은 데다 요리하기도 쉬운 재료라서 나도 모르게 장바구니에 담게 되죠. 하지만 매번 같은 요리만 만들어서 식구들에겐 너무 싫증 나는 반찬이 되었을지도 몰라요. 그런 분들을 위해 같은 재료에 살짝 다른 양념을 더하고 새로운 조리법을 보태서 참신한 요리를 선보입니다. 친근한 재료로 밑반찬, 한 그릇 요리, 간식, 도시락, 일품요리 등을 완성해 가족과 함께 맛있는 식사를 즐기세요.

Part 1.

국민식재료로 완성한
15분 집밥

달걀

두부

콩나물

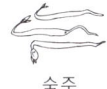
숙주

달걀버터밥

갓 지은 뜨거운 밥에 사르르 녹아내리는 버터 한 조각을 올린 다음,
투명하게 윤기 흐르는 달걀프라이와 간장을 넣어 싹싹 비벼 먹던 그 맛.
어렸을 적에 먹었던 '빠다비빔밥'은 정말 한입 한입이 아까울 만큼 꿀맛이었죠.
달걀, 버터, 간장 그리고 모락모락 김 나는 쌀밥, 이 고소한 맛의 궁합은
시간이 흐르고 흘러도 전 국민에게 평생 사랑받을 스테디셀러 메뉴가 틀림없어요.

2인분	
주재료	달걀 2개, 밥 2공기
부재료	식용유 약간, 버터 2작은술, 간장 1큰술, 참기름 1/2작은술, 통깨 1작은술

1 달군 팬에 식용유를 두르고 반숙으로 달걀프라이를 만들고,

2 따뜻한 밥에 버터, 간장, 참기름을 올리고,

3 달걀프라이를 얹고 통깨를 뿌려내요.

달걀우동

쫄깃하게 잘 삶아진 우동면에 넉넉한 국물 대신
쯔유소스를 자작하게 넣어 비벼 먹는 우동을 붓가케우동이라고 해요.
달걀노른자를 올려 젓가락으로 톡 터뜨린 뒤 살살 섞어주면
노른자의 고소함이 짭조름한 간장과 만나 우동을 부드럽고 촉촉하게 만들어줘요.
더운 여름, 입맛이 달아났을 때 집에서 손쉽게 만들어 먹기 좋은 메뉴랍니다.

2인분	 달걀
주재료	달걀 2개, 쪽파 2대, 마른 김 1/2장, 우동 2봉
부재료	쯔유 1/2컵

1 쪽파는 송송 썰고, 김은 가위로 가늘게 오리고,

2 달걀은 노른자만 분리해 덜어두고,

3 끓는 물에 우동을 삶아 건지고,

쿠킹 팁
시판쯔유의 브랜드마다 짠맛의 정도가 다르니 조금씩 넣어가며 간을 맞추세요.

4 그릇에 삶은 우동, 달걀노른자, 쪽파, 김을 올리고 가장자리에 쯔유를 뿌려내요.

달걀잡채부침

부산에는 납작만두, 유부주머니, 원조부산어묵, 비빔당면 등
꼭 먹어봐야할 길거리음식이 참 많아요.
오죽하면 먹방투어라는 이름으로 여행상품이 만들어졌을까요.
그중 최근 인기몰이 중인 달걀만두는 달걀물에 채소와 당면을 넣어 부친 요리인데요,
조리법이 간단한데도 정말 맛있어서 집에서 자주 해먹어요. 당면 대신 남은 잡채도 활용해보세요.

2인분   달걀

주재료	달걀 3개, 당면 50g, 당근 약간, 부추 10g
부재료	소금 1작은술, 백후춧가루 약간, 참기름 1/2작은술, 식용유 약간
당면밑간	간장 1/2큰술, 설탕 1/2작은술

쿠킹 팁
부추 대신 쪽파를 써도 좋아요.

1 당면은 미지근한 물에 담가 잠시 불리고, 당근, 부추는 곱게 다지고,

쿠킹 팁
당면봉지에 적힌 시간을 보고 삶아주세요.

2 끓는 물에 불린 당면을 삶아 찬물에 헹군 뒤 체에 밭쳐 물기를 빼고,

3 당면을 잘게 썰어 당면밑간으로 버무리고,

4 달걀을 풀어 소금, 백후추, 참기름으로 간한 뒤 당면, 당근, 부추를 넣어 반죽을 만들고,

쿠킹 팁
반죽이 반쯤 익었을 때 반으로 접어서 만두 모양으로 부쳐도 좋아요.

5 달군 팬에 식용유를 두르고 반죽을 만두피 크기로 동그랗게 얹은 뒤 중불에서 노릇하게 익혀내요.

홍차달걀장조림

요리할 때 홍차를 사용한다고 하면 아마 생소하게 여기는 분들이 많으실 거예요.
홍차는 고유의 떫은맛과 향 때문에 호불호가 나뉘지만,
한편으로는 독특한 색과 향 덕분에 베이킹에도 두루 쓰이고 요리에 색을 낼 때도 유용해요.
달걀장조림을 할 때 예쁜 색을 내기가 어려웠다면 홍차 우린 물을 써보세요.
달걀에 홍차향이 은은하게 배어 향긋한 데다 보기만 해도 먹음직스러운 진한 색깔로 완성해줘요.

4인분	
주재료	달걀 6개, 홍차티백 4개, 양파 1/2개, 마늘 5쪽, 건고추 2개
부재료	물 3컵, 물엿 3큰술
조림장	간장 3큰술, 설탕 1큰술, 소금 1/2작은술

쿠킹 팁
식초와 소금을 약간 넣어 삶아주세요.

1 찬물에 달걀을 넣고 삶다가 끓으면 8분간 더 삶은 뒤 찬물에 헹궈 껍질을 벗기고,

쿠킹 팁
티백을 오래 담가두면 떫은맛이 나니 2분 후 바로 제거하세요.

2 냄비에 물을 붓고 끓으면 불을 끈 뒤 홍차티백을 넣어 2분간 우리고,

3 양파는 채 썰고, 마늘은 편 썰고,

4 홍차 우린 물에 삶은 달걀, 양파, 마늘, 건고추, 조림장을 넣고 끓이다 국물이 반쯤 줄어들면 물엿을 넣고 2분간 더 끓여내요.

토마토달걀탕

토마토와 달걀의 요리조합은 먹어보기 전까지는 고개를 갸우뚱하게 하지만
일단 맛을 보면 무릎을 탁 치게 할 만큼 중독성이 강해요.
특히 토마토달걀탕은 중국의 가정식요리인데요, 담백한 맛, 부드러운 식감 때문에 자꾸 생각이 나요.
토마토에 듬뿍 든 구연산이 위의 활동을 촉진하고 숙취해소를 도와서
북엇국을 대신하는 해장국으로도 좋답니다.

2인분		달걀
주재료	달걀 2개, 토마토 2개, 양파 1/4개, 대파 1대	
부재료	식용유 약간, 물 2+1/2컵, 간장 1큰술, 치킨스톡 1/2개, 녹말물 2큰술	

1 달걀은 풀고, 토마토는 도톰하게 썰고, 양파는 채 썰고, 대파는 송송 썰고,

2 달군 냄비에 식용유를 두르고 대파를 넣어 볶고,

쿠킹 팁
모자란 간은 소금으로 맞추세요.

3 토마토와 양파를 넣어 볶다가 물, 간장, 치킨스톡을 넣어 끓이고,

쿠킹 팁
녹말물은 녹말과 물을 1:1 비율로 섞어 만들어요.

4 녹말물을 풀고 달걀을 흘려 부은 뒤 불을 끈 채로 잠시 두었다가 그릇에 담아내요.

달걀샌드위치

예전에 '사라다빵'이란 이름으로 동네 제과점이나 시장에서 팔던 메뉴가 있었어요.
삶은 달걀 혹은 감자를 으깬 다음 마요네즈에 버무려 팔던 곳도 있었고
양배추와 당근 등을 채 썰어 마요네즈, 케첩과 섞어 속을 채운 곳도 있었죠.
가게마다 사라다빵의 재료는 조금씩 달랐지만 제 마음속 1등은 언제나 달걀사라다빵이에요.
이젠 달걀샐러드에 채소와 토마토까지 채워 세련된 달걀샌드위치를 즐겨보세요.

2인분	
주재료	달걀 2개, 로메인 2장, 치커리 4장, 토마토 1개, 식빵 4장, 샌드위치용햄 2장, 슬라이스치즈 2장
달걀샐러드양념	마요네즈 2큰술, 머스터드 1작은술, 다진 피클 1큰술
스프레드	마요네즈 4큰술, 씨겨자 1큰술, 고추냉이 1작은술, 설탕 1작은술

1 찬물에 달걀을 넣고 삶다가 끓으면 8분간 더 삶은 뒤 찬물에 헹궈 껍질을 벗기고,

2 삶은 달걀은 칼로 다진 뒤 달걀샐러드 양념을 넣어 섞고,

3 스프레드를 섞고,

4 로메인, 치커리를 씻어 물기를 빼고, 토마토는 링 모양으로 도톰하게 썰고,

5 식빵 4장 모두 한 면에만 스프레드를 바르고,

6 로메인-치커리-달걀샐러드-토마토-햄-치즈 순으로 올린 뒤 식빵을 덮어내요.

일본식게살달걀부침

이 요리는 일본에 거주하는 한국유학생이 많이 만들어 먹는다는 '가니타마'와 비슷한 요리예요.
채소와 게맛살을 넣어 부드러운 맛이 일품인 달걀부침에
달착지근하면서도 걸쭉해서 입에 짝짝 달라붙는 소스를 얹어 만들어요.
따뜻한 밥 위에 올려 달걀게살덮밥으로 먹거나 그대로 술안주로 먹기도 하지요.
입 안 가득 보드랍게 넘어가는 느낌이 좋아 아이들에게 간식으로 만들어주면 정말 좋아해요.

2인분	 달걀
주재료	달걀 4개, 맛살 3개, 표고버섯 1개, 양파 1/4개, 대파 1/2대, 쪽파 2대
부재료	소금 1/2작은술, 청주 1큰술, 녹말물 1큰술, 식용유 약간, 마요네즈 약간
소스	다시마육수 3/4컵, 간장 1큰술, 설탕 1큰술, 혼다시 1/4작은술, 후춧가루 약간

1 맛살은 결대로 찢고, 표고, 양파, 대파는 채 썰고, 쪽파는 송송 썰고,

2 달걀을 풀어 소금, 청주로 간한 뒤 맛살, 표고를 섞고,

3 마른 팬에 대파, 양파를 넣고 태워가며 볶아 향을 내고,

4 소스를 넣고 끓이다가 양파, 대파를 걷어낸 뒤 녹말물을 섞어 걸쭉한 소스를 만들고,

쿠킹 팁
뚜껑이나 포일로 덮어 두면 빨리 익힐 수 있어요.

5 작은 팬에 식용유를 두르고 달걀물을 부은 뒤 약불에서 젓가락으로 저어가며 익히다 모양을 잡고,

쿠킹 팁
마요네즈는 짤주머니나 비닐에 넣고 구멍을 내 지그재그로 뿌려요..

6 접시에 달걀부침을 얹고 소스를 부은 뒤 마요네즈와 쪽파를 뿌려내요.

달걀밥전

달걀의 가장 큰 장점은 모든 재료를 어우러지게 만든다는 거예요.
서로 어울리지 않을 것 같은 재료도 달걀 하나로 끈끈하게 하나가 되곤 하죠.
애매하게 남은 찬밥과 냉장고 속 자투리 재료를 모두 모아 달걀을 톡 깨서 섞어주면,
먹어도 먹어도 자꾸만 손이 가는 밥전 반죽 완성!
쉽고 간단한 데다 든든하기까지 해서 자주 만들어 먹게 돼요.

2인분

주재료	달걀 3개, 햄 50g, 양파 1/4개, 호박 약간, 당근 약간, 슬라이스치즈 3장, 밥 1공기
부재료	부침가루 2큰술, 간장 1/2큰술, 소금 1작은술, 참기름 1/2작은술, 식용유 약간

쿠킹 팁
물에 씻은 김치나 참치, 연어통조림을 넣어도 좋아요.

1 햄, 양파, 호박, 당근은 곱게 다지고, 슬라이스치즈는 모양 내고,

2 밥에 다진 재료와 달걀, 부침가루, 간장, 소금, 참기름을 넣어 섞고,

쿠킹 팁
치즈는 밥전을 부치자마자 뜨거울 때 올려 녹여주세요.

3 달군 팬에 식용유를 두르고 반죽을 한 숟가락씩 올려 앞뒤로 노릇하게 부친 뒤 치즈를 얹어내요.

베이컨스크램블드에그

달걀은 조리법에 따라 맛과 질감이 크게 달라 먹어도 먹어도 질리지 않아요.
달걀프라이나 삶은 달걀만 해도 반숙과 완숙의 맛이 크게 다르잖아요.
몽글몽글 부드러운 식감이 좋은 스크램블드에그는 서양에서 아침식사 대용으로
많이 해먹는데요, 달걀과 우유만 있으면 간편하게 만들 수 있어 저도 자주 만들어 먹어요.
기본 스크램블드에그에 향 좋은 베이컨과 채소를 넣어주면 한결 푸짐하게 즐길 수 있답니다.

2인분	
주재료	달걀 3개, 양파 1/4개, 홍피망 1/4개, 청피망 1/4개, 베이컨 4장
부재료	우유 4큰술, 소금 약간, 백후춧가루 약간, 올리브유 3큰술

달걀

1 양파, 피망은 같은 크기로 굵게 다지고, 베이컨은 굵게 채 썰고,

2 달걀은 풀어 우유, 소금, 백후추로 간을 맞추고,

3 달군 팬에 올리브유(1큰술)를 두르고 베이컨을 볶다가 양파, 피망, 소금을 넣고 볶아 덜어두고,

쿠킹 팁
달걀물을 중불에서 살짝 익힌 뒤 젓가락으로 지그재그를 그어가며 마저 익히세요.

4 같은 팬에 올리브유(2큰술)를 두르고 달걀물을 부어 스크램블을 만들고,

5 볶은 베이컨, 채소를 섞어 가볍게 볶아내요.

달걀볶음밥

냉장고는 텅텅 비고 먹을 만한 반찬이라고는 하나도 없는 날,
다행히 달걀이라도 남아 있으면 끼니 걱정을 한시름 덜게 되죠.
달걀은 프라이를 해도 되고 밥과 함께 볶아도 되니 얼마나 기특한 재료인지 몰라요.
달걀볶음밥은 달걀이 생명이니까 따로 스크램블해서 나중에 밥과 함께 볶아주세요.
그래야 뭉치지 않고 포슬포슬하게 익어 완성도 있는 볶음밥을 즐길 수 있어요.

2인분	
주재료	달걀 3개, 베이컨 3장, 대파 1/2대, 밥 2공기
부재료	소금 약간, 식용유 2큰술, 간장 1/2큰술, 참기름 1큰술, 통깨 1큰술

달걀

1 베이컨은 채 썰고, 대파는 송송 썰고, 달걀은 풀어서 소금으로 간하고,

> **쿠킹 팁**
> 달걀물을 중불에서 살짝 익힌 뒤 젓가락으로 지그재그를 그어가며 마저 익혀요.

2 달군 팬에 식용유(1큰술)를 두르고 달걀물을 부어 스크램블을 만들어 덜어두고,

3 달군 팬에 식용유(1큰술)를 두르고 대파를 볶다가 베이컨을 넣어 볶고,

> **쿠킹 팁**
> 마지막에 쫑쫑 썬 부추를 넣고 볶아도 향긋해요.

4 뜨거운 밥, 간장을 넣어 볶다가 스크램블한 달걀을 섞은 뒤 참기름, 통깨를 넣고 살짝 볶아내요.

달걀치즈피자

피자는 여러 가지 재료를 토핑으로 올려야만 맛있다고 생각하시나요?
오늘 이후로 그럴싸한 토핑 없이 간단한 재료 몇 가지로 맛있는 피자를
만들어 먹을 수 있게 될 거예요. 우리에겐 달걀과 치즈가 있으니까요.
달걀에 치즈를 넣고 훌훌 풀어 토르티야 위에 바른 다음 피자치즈 올려 구우면 끝!
담백하고 고소한 맛 덕분에 아이들이 환호하는 영양간식 영순위가 되는 건 시간문제겠죠?

2인분

주재료	달걀 1개, 슬라이스치즈 1장, 토르티야 1장, 피자치즈 1/2컵
부재료	소금 약간, 파슬리가루 약간

1 슬라이스치즈는 곱게 다지고,

2 달걀은 풀어 소금으로 간한 뒤 슬라이스치즈를 섞고,

쿠킹 팁
오븐이 없으면 프라이팬에 토르티야를 올려 그대로 익히다가 반을 접어 뒤집개로 눌러가며 익혀주세요.

3 토르티야 위에 달걀을 펴 올리고 피자치즈, 파슬리가루를 뿌린 뒤 180℃의 오븐에서 8분간 구워내요.

교리김밥

전국의 3대 김밥 중 하나인 경주의 교리김밥, 드셔보셨나요?
얼핏 보면 그저 평범한 김밥이지만, 고슬고슬하게 지은 쌀밥에
얇게 채 썬 달걀지단을 꽉꽉 채워 고소하고 부드러운 맛이 정말 일품이에요.
특별한 기교 없이 포근한 달걀만으로 맛을 살린 단순함. 이것이 평일에도
사람들로 문전성시를 이루게 하는 소문난 맛집의 영업 비밀이랍니다.

2인분

주재료	달걀 6개, 오이 1개, 어묵 1장, 김밥햄 4개, 당근 1/4개, 단무지 4개, 우엉조림 8개, 김밥김 4장, 밥 2공기
부재료	소금 약간, 식용유 약간
지단양념	설탕 1큰술, 청주 1/2큰술, 소금 2/3작은술
밥양념	참기름 1큰술, 소금 1/2작은술

쿠킹 팁 달걀을 미리 풀고 나서 양념해야 양념이 뭉치지 않고 잘 섞여요.

1 달걀은 풀어서 지단양념을 섞은 뒤 체에 내리고,

쿠킹 팁 지단이 식고 나서 채 썰어야 부스러지지 않아요.

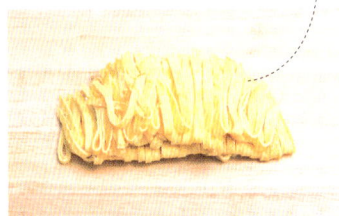

2 달군 팬에 식용유를 두르고 키친타월로 닦아 지단을 부친 뒤 한 김 식혀 채 썰고,

쿠킹 팁 김밥김, 우엉, 단무지, 햄이 함께 포장되어 있는 김밥세트를 구입하면 편리해요.

3 오이, 어묵, 햄은 단무지와 비슷하게 썰고, 당근은 채 썰고,

4 오이는 소금을 넣고 절였다가 꼭 짜고,

5 달군 팬에 식용유를 두르고 당근, 어묵을 따로 볶아 덜어두고,

6 따뜻한 밥에 밥양념을 넣어 섞고,

쿠킹 팁 달걀지단채를 넉넉히 넣어야 맛있어요.

7 김발 위에 김을 얹고 밥을 2/3 정도 고르게 펼친 뒤 준비한 재료를 나란히 올려 돌돌 말아 썰어내요.

포차달걀말이

한때 전국을 강타했던 어마어마한 크기의 포장마차 달걀말이라고 하면 모두들 기억하실 거예요.
평소에 집에서 해먹던 달걀말이보다 달걀이 2배나 푸짐하게 들어가
눈치 보지 않고 집어먹을 수 있어 밥반찬으로도, 술안주로도 아주 든든하죠.
왕달걀말이에 가쓰오부시와 소스까지 얹으면 비주얼로 압도하고 맛으로 승부하는
끝내주는 달걀말이를 만들 수 있을 거예요.

4인분	
주재료	달걀 6개, 양파 1/4개, 당근 1/5개, 햄 50g, 청양고추 3개, 쪽파 4대
부재료	식용유 약간, 마요네즈 2큰술, 돈가스소스 2큰술, 가쓰오부시 1/2컵
달걀양념	마요네즈 1큰술, 소금 1작은술

달걀

쿠킹 팁
청양고추는 반 갈라 씨를 털고 써야 깔끔해요.

1 양파, 당근, 햄, 청양고추는 다지고, 쪽파는 송송 썰고,

쿠킹 팁
달걀양념에 마요네즈를 섞으면 달걀말이가 식은 후에도 부드러워요.

2 달걀을 잘 푼 뒤 달걀양념을 넣어 거품기로 고르게 풀고,

쿠킹 팁
쪽파는 토핑용으로 조금 덜어두고, 재료를 섞지 않은 달걀물 1/2컵도 따로 덜어둬요.

3 달걀물에 양파, 당근, 햄, 청양고추, 쪽파를 넣어 섞고,

4 달군 팬에 식용유를 두르고 달걀물을 부어 반쯤 익으면 돌돌 마는 과정을 반복하고,

쿠킹 팁
완성된 달걀말이를 김발에 올려 단단히 말아두면 더 각진 모양을 만들 수 있어요.

5 마지막에 덜어둔 달걀물(1/2컵)을 붓고 돌돌 말아 익힌 뒤 한입 크기로 비스듬히 썰고,

쿠킹 팁
케첩이나 칠리소스를 뿌려도 좋아요.

6 마요네즈와 돈가스소스를 뿌린 뒤 가쓰오부시, 쪽파를 얹어내요.

두부데리야키덮밥

녹말가루 입혀 바삭하게 구운 두부에 달콤 짭조름한 데리야키소스옷을 입히면
그것만으로도 훌륭한 밥반찬이자 술안주가 되지요.
하지만! 살짝 볶아서 부드럽고 촉촉하게 익은 시금치와 윤기 나는 밥을 곁들이면
고기가 들어가지 않아도 입에 착착 달라붙는 근사한 덮밥이 완성돼요.
단백질과 비타민이 한 그릇에 모두 담겨 있으니 별다른 반찬이 필요 없어요.

2인분	
주재료	두부 1모, 시금치 100g, 쪽파 1대, 밥 2공기
부재료	녹말가루 2큰술, 식용유 2큰술
조림장	간장 3큰술, 맛술 2큰술, 청주 1큰술, 설탕 1큰술

두부

1 조림장을 섞고,

쿠킹 팁
두부는 키친타월에 올려 물기를 빼주세요.

2 두부는 한입 크기로 깍둑 썰고, 시금치는 밑동을 제거해 반 가르고, 쪽파는 송송 썰고,

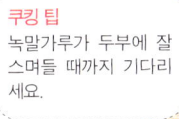

쿠킹 팁
녹말가루가 두부에 잘 스며들 때까지 기다리세요.

3 두부에 녹말가루를 골고루 입혀 잠시 두고,

4 달군 팬에 식용유를 두르고 두부를 앞뒤로 노릇하게 굽고,

5 조림장을 넣어 두부에 양념이 배도록 조려 덜어두고,

6 두부를 조린 팬에 시금치를 넣어 살짝 볶은 뒤, 밥, 시금치, 두부, 쪽파를 곁들여내요.

고추장두부찌개

요리왕초보라도, 곰손을 가진 분도 실패하지 않는 찌개가 고추장찌개예요.
우선 소고기가 찌개의 감칠맛을 살려 진한 국물맛을 보장해주고요,
두부는 넉넉하게, 채소는 냉장고 신선실에 있는 것으로 다양하게 넣으면
고추장 특유의 텁텁함 없이 자연스러운 단맛을 낼 수 있어요.
찌개국물을 흠뻑 품어서 맛있게 익은 건더기랑 칼칼한 국물 한 숟가락이면 스트레스가 날아가요.

4인분	
주재료	두부 1/2모, 소고기(양지) 300g, 호박 1/4개, 양파 1/4개, 표고버섯 2개, 청양고추 2개, 홍고추 1개, 대파 1/2대, 멸치다시마육수 4컵
부재료	참기름 2작은술, 고춧가루 1큰술
양념장	고추장 2큰술, 된장 1작은술, 다진 마늘 1작은술, 소금 약간

두부

1 양념장을 섞고,

2 두부, 소고기, 호박, 양파, 표고는 한입 크기로 썰고, 청양고추, 홍고추, 대파는 어슷 썰고,

쿠킹 팁
소고기 겉면을 완전히 익히고 육수를 부어야 국물이 누린내 없이 깔끔해요.

3 냄비에 참기름을 두르고 양념장, 소고기를 약불에서 볶다가 멸치다시마 육수를 부어 강불에서 끓이고,

4 두부, 호박, 표고, 고춧가루를 넣어 끓이다가 고추, 대파를 넣고 한소끔 더 끓여내요.

두부채소조림

두부는 다양한 조리방법으로 여러 가지 맛을 이끌어내는, 변신에 능한 식재료예요.
그래도 집에서 먹을 때 가장 만만한 두부반찬은 두부조림이었는데요,
가끔은 두부와 함께 채소까지 많이 먹을 수 있으면서 메인요리처럼 근사해 보이는 두부채소조림을 만들어요.
밀가루 묻혀 겉은 바삭, 속은 포근하게 익힌 두부에 양념한 채소볶음을 얹으면
담백한 두부와 매콤한 양념, 두 가지 맛을 골고루 느끼면서 푸짐하게 먹을 수 있어요.

4인분

주재료	두부 2모(600g), 표고버섯 2개, 양파 1/2개, 풋고추 2개, 홍고추 1개, 대파 1/2대, 멸치다시마육수 1/2컵
부재료	소금 약간, 후춧가루 약간, 밀가루 5큰술, 식용유 2큰술
양념장	간장 4큰술, 고추장 1+1/2큰술, 다진 마늘 1큰술, 참기름 1큰술, 통깨 1큰술, 설탕 1/2큰술

1 양념장을 섞고,

2 두부는 1cm 두께로 두툼하게 썰어 소금, 후추로 밑간해 밀가루를 뿌리고,

3 표고, 양파는 채 썰고, 풋고추, 홍고추, 대파는 어슷 썰고,

4 달군 팬에 식용유(1큰술)를 두르고 두부를 노릇하게 익힌 뒤 덜어두고,

5 같은 팬에 다시 식용유(1큰술)를 두르고 표고, 양파, 대파를 넣어 강불에 살짝 볶다가 고추를 섞고,

6 구운 두부를 깔고 볶은 채소, 양념장을 얹은 뒤 멸치다시마육수를 가장자리에 흘려 부어 중불에서 조려내요.

두부국수

탱탱하게 잘 삶은 국수에 보드라운 연두부를 듬뿍 넣고 끓인 다음
칼칼한 양념장을 얹어 먹는 독특한 국수예요.
속이 든든한 국수에 두부까지 곁들여 포만감은 말할 것도 없고요,
후루룩 목 넘김이 좋은 면발과 호로록 매끄럽게 입 안을 감싸는 두부의 조화는
부드러움과 담백함의 진수를 보여줍니다.

2인분	두부 
주재료	연두부 1모, 마른 김 1장, 대파 1/2대, 소면 200g, 멸치다시마육수 6컵
부재료	다진 마늘 1/2큰술, 소금 약간
양념장	간장 2큰술, 다진 파 2큰술, 고춧가루 1/2큰술, 국간장 1작은술, 통깨 1작은술, 후춧가루 약간

1 양념장을 섞고

2 연두부는 큼직하게 썰고, 김은 구워서 비닐봉지에 담아 부수고, 대파는 송송 썰고,

쿠킹 팁
소금을 약간 넣고 삶 아주세요.

3 끓는 물에 소면을 삶아 찬물에 헹궈 건지고,

쿠킹 팁
양념장이 짭짤하니 간을 약하게 맞추세요.

4 냄비에 멸치다시마육수를 넣고 끓으면 다진 마늘, 소금, 연두부를 넣어 끓이고,

쿠킹 팁
차가운 국수에 뜨거운 국물을 부어 토렴해야 국수를 따뜻하게 먹을 수 있어요.

5 그릇에 삶은 소면을 담고 국물을 한 국자 부었다 따라낸 뒤 다시 국물을 담고 연두부, 김가루, 양념장, 대파, 통깨를 얹어내요.

두부두루치기

대전에는 고기가 아닌 두부로 만든 두부두루치기라는 음식이 있어요.
두부에 매운 양념을 넣고 뒷골이 확 당길 정도로 얼얼하게 만드는 요리인데요.
오징어를 추가하기도 하지만 원조는 정직하게 오직 두부만 넣고 만들어요.
저는 원조두부두루치기에 떡국떡을 추가했어요. 진한 양념장이 푹 밴 보들보들한 두부와
쫄깃쫄깃 씹는 맛이 재밌는 떡국떡의 맛에 흠뻑 빠져보세요.

4인분	
주재료	두부 1모, 떡국떡 1/2컵, 양파 1/2개, 청양고추 2개, 대파 2대, 멸치다시마육수 1컵
부재료	식용유 1큰술, 통깨 1큰술
양념장	고춧가루 3큰술, 간장 1+1/2큰술, 맛술 1큰술, 매실청 1큰술, 다진 마늘 1큰술, 설탕 1/2큰술, 참치액 1작은술, 후춧가루 1/4작은술, 소금 약간

1 떡국떡은 찬물에 잠깐 담가놓고, 양념장은 섞고,

2 두부는 1cm 두께로 큼직하게 썰고, 양파는 도톰하게 채 썰고, 청양고추, 대파는 어슷 썰고,

3 달군 팬에 식용유를 두르고 양파를 볶다가 양념장을 넣어 볶고,

4 멸치다시마육수를 부어 끓이다가 대파를 넣어 익히고,

5 두부와 떡을 넣어 양념이 배도록 끓인 뒤 통깨를 뿌려내요.

두부샐러드

요즘은 익히지 않아도 가볍고 신선하게 먹을 수 있는 생식용 두부를 즐겨 사곤 해요.
일반 두부에 비해 입자가 고와 식감이 부드럽고 맛은 더 고소해서
건강음료를 만들 때 넣거나 그대로 두부샐러드를 만들기도 하죠.
생식용 두부는 간장과 식초가 들어간 새콤 짭조름한 소스와 잘 어울리는데요,
양파, 오이, 어린잎채소, 토마토 등을 곁들이면 건강한 한 끼 샐러드로 그만이랍니다.

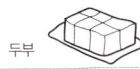

2인분 　　　　　　　　　　　　　　　　　　　　　　　　　　　　　　　　　　　　두부

주재료　생식용두부 1모, 오이 1/4개, 양파 1/4개, 방울토마토 3개, 어린잎채소 1/2컵

소스　　간장 2큰술, 포도씨유 2큰술, 레몬즙 1+1/2큰술, 식초 1큰술, 발사믹식초 1/2큰술, 참기름 1/2큰술,
　　　　　설탕 2작은술, 다진 마늘 1작은술, 통깨 1작은술, 소금 약간, 후춧가루 약간

쿠킹 팁
숟가락으로 한입 크기만큼 뚝뚝 떼어서 써도 좋아요.

1 소스를 섞고,

2 두부는 먹기 좋은 크기로 깍둑 썰고,

3 오이, 양파는 두부와 같은 크기로 썰고, 방울토마토는 2등분하고, 어린잎채소는 찬물에 헹궈 물기를 빼고,

4 두부, 오이, 방울토마토, 양파를 섞어 접시에 담고 어린잎채소를 올린 뒤 소스를 뿌려내요.

일본식두부튀김

이자카야에 가면 '아게다시도후'라는 메뉴를 한 번쯤은 보셨을 거예요.
노릇하게 튀긴 두부를 담백하고 달착지근한 쯔유소스에 담가
갈아놓은 무와 함께 먹는 일본식 두부튀김이에요.
원래 맑은 쯔유소스에 두부를 담가먹지만, 오늘은 걸쭉하게 끓여서 두부 위에 뿌려봤어요.
밋밋할 수 있는 두부튀김에 꽈리고추튀김을 올리면 한결 멋스럽답니다.

2인분

주재료	두부 1모, 꽈리고추 8개, 쪽파 1대, 무 1/5개
부재료	녹말가루 2큰술, 식용유 적당량
소스	물 1컵, 쯔유 3/4컵, 간장 1큰술, 녹말물 1큰술

쿠킹 팁
꽈리고추에 구멍을 내야 튀기는 동안 기름이 팡팡 터지는 것을 방지해요.

1 두부는 4등분 해 키친타월에 올려 물기를 뺀 뒤 녹말가루를 묻히고,

2 꽈리고추는 포크로 구멍을 내고, 쪽파는 송송 썰고, 무는 강판에 갈아 면포에 싼 뒤 흐르는 물에 씻어 꼭 짜고,

쿠킹 팁
두부를 기름에 폭 담가 튀기면 더 맛있어요.

3 달군 팬에 식용유를 넉넉히 두른 뒤 두부의 모든 면을 튀기듯 구워 덜어두고,

4 꽈리고추도 살짝 튀겨 덜어두고,

5 냄비에 녹말물을 제외한 소스 재료를 모두 넣고 끓으면 녹말물을 섞어 묽은 소스를 만들고,

6 접시에 튀긴 두부, 꽈리고추를 올리고 간 무, 쪽파를 얹어 소스를 뿌려내요.

중국식두부볶음

중국식 볶음요리의 장점은 접시 하나에 모든 영양소를 골고루 담아낸다는 데 있죠.
냉동실, 냉장실, 찬장에 있는 갖은 재료를 한데 모아서 만들면 되니까요.
마늘과 대파로 향을 낸 기름에 채소를 볶아 걸쭉한 소스를 만든 다음
두부를 먹기 좋게 튀겨 함께 볶아내면 채소와 두부의 어우러짐이 정말 훌륭해요!
어떤 상차림에도 정말 잘 어울리는 중화풍 볶음요리를 알고 있어서 든든합니다.

4인분	두부 
주재료	두부 1모(300g), 홍피망 1/4개, 청피망 1/4개, 표고버섯 2개, 죽순통조림 1조각, 대파 1/2대, 마늘 3쪽
부재료	소금 약간, 녹말가루 1큰술, 식용유 적당량, 간장 1큰술, 청주 1큰술, 굴소스 1큰술, 끓는 물 1컵, 치킨스톡 1/2개, 녹말물 1큰술, 후춧가루 약간, 참기름 1/2작은술

쿠킹 팁
두부에 소금을 뿌리면 물기가 잘 빠져요.

1 두부는 X자로 4등분 해 1cm 두께로 썬 뒤 키친타월에 올려 소금을 뿌리고 잠시 두었다 녹말가루를 뿌리고,

2 피망, 표고는 비슷한 크기로 썰고, 죽순은 빗살무늬를 살려 썰고, 대파는 송송 썰고, 마늘은 편 썰고,

3 달군 팬에 식용유를 넉넉히 두른 뒤 튀겨 덜어두고,

4 달군 팬에 식용유(2큰술)를 두르고 대파, 마늘을 넣고 볶아 향을 내고,

5 피망, 죽순, 표고를 넣고 간장, 청주, 굴소스를 넣어 볶고,

6 두부, 끓는 물, 치킨스톡을 넣고 끓으면 녹말물로 농도를 맞춘 뒤 후추를 뿌리고 참기름을 둘러내요.

매운두부전골

가끔 두부가 있어 고맙다는 생각을 해요. 두부 한 모만 있어도 데쳐서 먹거나
굽고, 튀기고, 끓이고, 으깨서 별의별 요리를 다 해먹을 수 있으니까요.
특히 얼큰한 국물요리에는 두부가 빠지면 섭섭하죠. 그래서 두부가 주인공인 두부전골엔
두부 한 모를 숭덩숭덩 크게 썰어 넣고, 냉장고 속 채소도 내 맘대로 넣어서 팔팔 끓여요.
칼칼한 양념장에 새우젓으로 간을 맞추니 개운하고 시원한 국물맛이 끝내줍니다.

		 두부
4인분		
주재료	두부 1모, 떡국떡 1/2컵, 콩나물 50g, 배추 3장, 쑥갓 20g, 청양고추 2개, 홍고추 1개, 대파 1/2대, 팽이버섯 1/4봉, 멸치다시마육수 3컵	
양념장	고춧가루 2큰술, 새우젓국물 1+1/2큰술, 맛술 1큰술, 다진 마늘 1/2큰술, 다진 파 1큰술, 소금 약간, 후춧가루 약간	

쿠킹 팁
멸치다시마육수는 불에 올려 뜨겁게 끓여주세요.

1 양념장을 섞고,

2 떡국떡은 찬물에 잠깐 담가놓고, 콩나물은 씻고,

3 두부, 배추, 쑥갓, 고추, 대파는 먹기 좋게 썰고, 팽이도 가닥가닥 찢고,

4 전골팬에 두부, 배추, 콩나물, 떡을 돌려 담고,

쿠킹 팁
멸치다시마육수에 무와 건새우를 넣고 우리면 시원해요.

5 양념장을 올리고 팔팔 끓는 멸치다시마육수를 부어 끓이고,

6 양념이 잘 배어들면 쑥갓, 팽이, 고추, 대파를 올려 한소끔 더 끓여내요.

초간단두부보쌈

속까지 따뜻하게 익힌 두부, 맥주에 데쳐 누린내 없이 깔끔하게 익힌 삼겹살,
그리고 녹찻잎을 넣어 매콤하고 달콤하게 무친 보쌈용 무생채를 곁들이면
평소와는 조금 다른 이색적인 맛의 보쌈을 즐길 수 있어요.
대패삼겹살을 쓰면 요리 시간도 절약되고 식감도 야들야들 부드러워서
많이 먹어도 부담스럽지 않아요. 가족 모두 잘 먹는 초간단 보쌈, 지금 만들어봐요.

4인분	
주재료	두부 1모, 무 350g, 불린 녹찻잎 3큰술, 맥주 3컵, 대패삼겹살 200g
부재료	굵은 소금 1+1/2큰술, 끓는 물 3컵
녹차양념	깨소금 1작은술, 참기름 1/2작은술, 소금 약간
무채양념	고춧가루 3큰술, 멸치액젓 1+1/2큰술, 물엿 1큰술, 설탕 1작은술, 다진 마늘 1작은술

두부

1 무는 도톰하게 채 썰어 소금 (1큰술)에 버무린 뒤 15분간 재워 꼭 짜고,

쿠킹 팁
무생채에 불린 녹찻잎을 넣으면 고기를 먹을 때 느끼함을 없애줘요.

2 물에 불린 녹찻잎을 건져 꼭 짠 뒤 녹차양념으로 무치고,

3 절인 무에 무채양념을 넣고 버무린 뒤 양념한 녹찻잎을 섞고,

쿠킹 팁
두부를 소금물에 데치면 간이 배어 맛있어요.

4 두부는 1cm 두께로 네모나게 썬 뒤 끓는 물에 소금(1/2큰술)을 넣고 데쳐 체에 밭치고,

5 냄비에 맥주를 붓고 팔팔 끓으면 대패삼겹살을 데쳐 건지고,

6 데친 두부, 대패삼겹살, 무채무침을 곁들여내요.

연두부수프

부드럽고 소화가 잘 되는 그리고 맛도 좋은 수프 하나 소개해 드릴게요.
연두부와 소고기, 달걀, 버섯이 들어가 영양 면에서도 부족함이 없는 중국식 수프예요.
적당히 점도가 있어 혀에 닿는 촉감이 매끌매끌, 언제 삼켰는지도 모를 만큼 살살 녹아요.
게다가 고추기름으로 칼칼한 맛을 살려서 끝까지 물리지 않게 먹을 수 있답니다.

4인분  두부

주재료	연두부 2모, 대파 1대, 달걀 1개, 소고기(안심) 100g, 죽순통조림 1조각, 표고버섯 4개, 목이버섯 1/2컵
부재료	물 6컵, 치킨스톡 1개, 소금 약간
소스	녹말가루 3큰술, 청주 3큰술, 고추기름 2큰술, 설탕 1+1/2큰술, 간장 1큰술

1 소스를 섞고,

2 연두부는 깍둑 썰고, 대파는 송송 썰고, 달걀은 잘 풀고,

쿠킹 팁
목이버섯은 잠시 물에 담가 불려서 채 썰어요.

3 소고기, 죽순, 표고, 목이는 모두 가늘게 채 썰어 양념에 무치고,

4 냄비에 물과 치킨스톡을 넣고 끓이다가 소고기, 죽순, 버섯, 소스를 넣어 팔팔 끓이고,

쿠킹 팁
모자란 간은 소금으로 맞추세요.

5 연두부, 대파를 넣고 달걀물을 흘려 넣어 한소끔 끓여내요.

소고기콩나물비빔밥

콩나물 넣고 잘 지은 밥에 짭조름하고 고소한 양념장을 얹어 쓱쓱 비벼 먹는 콩나물밥.
만들기도 쉬운 데다 다른 반찬이 필요 없어서 엄마가 많이 해주셨을 거예요.
밥 지을 때 콩나물을 넣으면 편하긴 하지만, 아삭한 콩나물의 식감이 사라져 아쉬웠죠.
그래서 콩나물을 데쳐서 넣고 부족하다 싶은 맛을 소고기와 표고버섯으로 메꿨어요.
다양한 재료를 넣지 않아도 충분히 맛 좋은 비빔밥에 맑은 장국 하나로 맛있는 식사하세요.

2인분	
주재료	콩나물 200g, 다진 소고기 100g, 표고버섯 3개, 밥 2공기
콩나물밑간	참기름 1/2작은술, 소금 약간
소고기밑간	간장 1/2큰술, 다진 마늘 1작은술, 참기름 1작은술, 후춧가루 약간
양념장	간장 3큰술, 멸치다시마육수 3큰술, 다진 파 2큰술, 다진 고추 2큰술, 통깨 1큰술, 참기름 1큰술, 고춧가루 1/2큰술, 다진 마늘 1/2큰술, 후춧가루 약간

콩나물

1 양념장을 섞고,

쿠킹 팁
끓는 물에 소금을 약간 넣고 4~5분간 데쳐요.

2 끓는 물에 콩나물을 데친 뒤 체에 밭쳐 물기를 빼 콩나물밑간으로 버무리고,

3 소고기는 키친타월에 올려 핏물을 뺀 뒤 소고기밑간으로 버무리고,

4 표고는 모양 살려 가늘게 썰고,

5 달군 팬에 소고기를 볶다가 고기가 익으면 표고를 넣어 볶고,

6 따뜻한 밥에 콩나물, 소고기, 표고를 얹고 양념장을 곁들여내요.

콩나물부추무침

대한민국 대표 반찬 콩나물무침에 부추를 넣고 양념을 살짝 바꾸어보세요.
멸치액젓과 식초를 넣어 상큼하면서도 입맛을 북돋는 맛있는 무침을 만들 수 있어요.
파릇파릇 향긋한 향이 매력적인 부추와 씹는 맛이 살아 있는 콩나물은
다른 반찬을 더 맛있게 먹을 수 있도록 도와준답니다.
고기가 있는 밥상에도 너무너무 잘 어울리니 빼놓지 말고 준비하세요.

4인분	
주재료	콩나물 300g, 부추 100g, 홍고추 2개
부재료	들기름 1큰술, 통깨 1큰술
양념장	식초 2큰술, 고춧가루 1+1/2큰술, 멸치액젓 1큰술, 다진 마늘 1/2큰술, 간장 1작은술, 설탕 1작은술

콩나물

1 양념장을 섞고,

쿠킹 팁
끓는 물에 소금을 약간 넣고 4~5분간 데쳐요.

2 끓는 물에 콩나물을 데친 뒤 찬물에 헹궈 체에 밭쳐 물기를 빼고,

쿠킹 팁
봄에는 부추 대신 달래를 넣어서 향긋함을 즐기세요.

3 부추는 4cm 길이로 썰고, 고추는 송송 썰어 씨를 털어내고,

4 콩나물, 부추, 홍고추에 양념장을 섞은 뒤 들기름, 통깨를 넣고 가볍게 버무려내요.

콩나물비빔국수

간단히 비빔국수나 먹을까 하면 으레 소면 삶고 김치 써는 것부터 시작하는데요.
아마 이제부터는 김치 썰기 대신 콩나물 데치는 것부터 하게 될 거예요.
비법양념장으로 새콤달콤하게 버무린 국수 한 젓가락에 콩나물은 사각사각,
소면은 입 안에서 너울너울 춤추니 간단히 먹자고 했던 국수지만
두 그릇쯤은 눈 깜짝할 새 비울걸요?

2인분  콩나물

주재료	콩나물 150g, 달걀 1개, 어린잎채소 약간, 소면 160g, 조미김가루 1/2컵
부재료	굵은 소금 약간, 식용유 약간, 통깨 1+1/2큰술, 참기름 1큰술
양념장	고추장 4큰술, 식초 2+1/2큰술, 다진 파 2큰술, 설탕 1+1/2큰술, 다진 마늘 1/2큰술, 고추냉이 1/2작은술, 소금 약간

1 양념장을 섞고,

2 끓는 물에 콩나물을 데친 뒤 찬물에 헹궈 체에 밭쳐 물기를 빼고,

> **쿠킹 팁**
> 지단을 식혀서 돌돌 말아 채 썰어주세요.

3 달걀은 소금으로 간해 잘 푼 뒤 달군 팬에 식용유를 두르고 지단을 부쳐 채 썰고,

4 어린잎채소는 씻어 물기를 빼고, 통깨는 곱게 빻고,

> **쿠킹 팁**
> 끓는 물에 굵은 소금을 넣고 끓어오를 때마다 찬물 1/2컵을 넣어 삶으면 국수가 쫄깃해져요.

5 끓는 물에 소면을 삶아 찬물에 헹군 뒤 체에 밭쳐 물기를 빼고,

6 볼에 소면, 콩나물, 달걀지단, 어린잎채소, 양념장, 빻은 통깨를 듬뿍 올린 뒤 김가루, 참기름을 뿌려내요.

콩나물오징어국밥

전주에 가면 꼭 먹고 오는 음식 중의 하나가 바로 전주식콩나물국밥이에요.
맑고 깔끔한 육수에 콩나물이 듬뿍 들어가 있어 국물이 얼마나 개운한지 몰라요.
이따금 알알이 쫄깃하게 씹히는 작은 오징어가 감질나게 맛있었으니까
오늘은 몸통 하나를 모두 넣어 넉넉하게 즐겨볼래요.
아 참, 오징어는 따로 살짝만 익혀서 마지막에 섞어주어야 국물이 깔끔해요.

2인분	 콩나물
주재료	콩나물 150g, 오징어몸통 1마리, 대파 1/2대, 청양고추 2개, 멸치다시마육수 4컵, 밥 2공기
부재료	소금 약간, 고춧가루 약간, 새우젓 적당량

1 콩나물은 씻고, 오징어는 내장을 빼서 씻고, 대파, 청양고추는 송송 썰고,

2 냄비에 멸치다시마육수를 부어 끓으면 콩나물을 데쳐 체에 밭쳐 식히고,

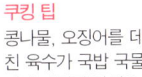
쿠킹 팁
콩나물, 오징어를 데친 육수가 국밥 국물이니 버리지 마세요.

3 콩나물을 데친 육수에 오징어를 데쳐 작게 깍둑 썰고,

4 뚝배기에 밥, 콩나물을 담은 뒤 육수를 소금으로 심심하게 간해 부어 끓이고,

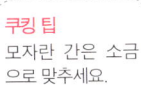
쿠킹 팁
모자란 간은 소금으로 맞추세요.

5 끓으면 불에서 내려 오징어, 대파, 고추, 고춧가루를 올리고 새우젓을 곁들여내요.

콩나물제육볶음

콩나물불고기는 일명 '콩불'이라 불리며 대학가를 휩쓸던 메뉴예요.
얇게 썬 돼지고기에 아삭한 콩나물과 고추장양념으로 맛을 낸 콩나물제육볶음이죠.
고기만 씹히던 제육볶음에 콩나물이 들어가 씹을수록 싱그럽고,
콩나물을 추가해서 제육볶음의 양이 배가 되니 고기가 부족한 날에 만들면 참 좋아요.
식탁에서 익히면서 먹다가 송송 썬 김치와 치즈를 넣고 마무리 볶음밥까지 즐기세요.

4인분	
주재료	콩나물 200g, 돼지고기(목살) 400g, 양파 1/2개, 깻잎 10장, 청양고추 2개, 대파 1/2대, 떡국떡 1/2컵
부재료	식용유 약간
양념장	고추장 3큰술, 고춧가루 2큰술, 청주 2큰술, 간장 1+1/2큰술, 설탕 1큰술, 다진 마늘 1큰술, 다진 생강 1/2작은술, 참기름 1작은술, 후춧가루 1/3작은술

1 양념장을 섞고,

2 돼지고기는 키친타월에 올려 핏물을 뺀 뒤 양념장에 버무리고,

3 콩나물은 씻고, 양파, 깻잎은 도톰하게 채 썰고, 고추, 대파는 어슷 썰고, 떡국떡은 찬물에 잠깐 담가놓고,

4 달군 팬에 식용유를 두르고 양념한 돼지고기를 볶고,

쿠킹 팁
콩나물이 충분히 익고 나서 나머지 재료를 넣어주세요.

5 콩나물, 양파, 떡국떡을 넣어 볶다가 고추, 대파, 깻잎을 넣어 마저 볶아내요.

콩나물된장국

고깃집에 가면 기본 찬으로 내어주는 콩나물된장국은
평범한 된장국인데도 너무 맛있어서 나도 모르게 한 숟갈, 두 숟갈 계속 떠먹게 돼요.
느끼하지 않아서 고기와도 잘 어울리고 흰 쌀밥이나 다른 반찬과도 조화가 잘 되고요.
진하면서도 개운한 고깃집 된장국의 비법은 바로 쌀뜨물.
버려지는 쌀뜨물로 육수를 내서 더 구수한 된장국을 끓여보세요.

4인분	콩나물
주재료	콩나물 150g, 무 100g, 대파 1대, 국멸치 1컵
부재료	쌀뜨물 8컵, 된장 4큰술, 고춧가루 1/2큰술, 다진 마늘 1/2큰술

쿠킹 팁
쌀뜨물은 두 번째 쌀 씻은 물을 사용하세요.

1 콩나물은 씻고, 무는 한입 크기로 납작하게 썰고, 대파는 어슷 썰고,

2 냄비에 쌀뜨물, 국멸치, 무를 넣고 10분간 끓인 뒤 국멸치만 건져내고,

3 된장을 풀어 고춧가루, 다진 마늘, 콩나물을 넣어 끓이고,

4 콩나물이 익으면 대파를 넣고 한소끔 더 끓여내요.

콩나물겨자채

저희 집도 여느 집과 다를 바 없어요. 매일 먹는 국이나 반찬이 뭐 특별할 게 있나요.
그래서 가끔은 식탁에 자주 오르는 재료를 가지고 평소와는 다른 양념으로 요리해요.
국거리나 무침용이었던 콩나물에 다양한 채소와 새우를 섞어준 다음,
코끝 찡하게 톡 쏘는 겨자소스로 밍밍하던 입맛까지 깨워주는 별미반찬을 만들어봤어요.
궁중에서 임금님이 드셨다던 겨자채양념으로 우리 가족 귀하게 대접해볼까요?

4인분  콩나물

주재료	콩나물 300g, 홍피망 1/2개, 청피망 1/4개, 부추 20g, 새우살 1/2컵
소스	식초 3큰술, 설탕 2큰술, 연겨자 1큰술, 소금 1/2큰술, 다진 마늘 1/2큰술, 마요네즈 1/2큰술

쿠킹 팁
냉장실에서 차갑게 보관해요.

1 소스를 섞고,

2 피망은 하얀 심을 제거하여 채 썰고, 부추는 파프리카 길이로 썰고,

3 끓는 물에 콩나물을 데친 뒤 찬물에 헹궈 체에 밭쳐 물기를 빼고,

쿠킹 팁
새우살은 색이 변하면 바로 건져주세요.

4 콩나물 데친 물에 새우살을 데쳐 그대로 식히고,

5 콩나물, 피망, 부추, 새우살에 소스를 부어 살살 버무려내요.

대하콩나물찜

해물찜의 주인공은 당연히 해산물이지만, 어쩌면 주연보다 더 빛나는 조연은
해물맛을 한층 살려주고 양껏 먹을 수 있게 도와주는 아삭아삭한 콩나물인지도 몰라요.
아귀도 좋고 미더덕도 좋고 새우도 좋아요. 싱싱한 해물을 넉넉히 준비하시고요,
나머지는 콩나물과 매콤한 양념장만 준비하면 알아서 맛을 내주는, 생각보다 쉬운 해물콩나물찜.
오늘은 온 가족 모두가 좋아하는 큼지막한 대하를 가지고 맛있게 만들어볼게요.

4인분	
주재료	콩나물 700g, 대하 16마리, 미더덕 1/2컵, 양파 1/2개, 미나리 50g, 대파 1대
부재료	녹말물 3큰술(녹말가루 1큰술+물 2큰술), 통깨 1큰술
양념장	고춧가루 7큰술, 다진 마늘 4큰술, 들기름 3큰술, 간장 2큰술, 맛술 1큰술, 소금 1/2큰술, 다진 생강 1/2작은술, 후춧가루 약간

콩나물

1 양념장을 섞고,

2 대하는 이쑤시개로 등쪽 내장을 뺀 뒤 수염, 다리도 제거하고, 미더덕은 씻고,

쿠킹 팁
찜요리에는 찜용 콩나물을 사용해야 숨이 쉽게 죽지 않아요.

3 콩나물은 씻고, 양파는 채 썰고, 미나리는 4cm 길이로 썰고, 대파는 어슷 썰고,

쿠킹 팁
끓는 물에 소금을 약간 넣고 4~5분간 데쳐요.

4 끓는 물에 콩나물을 살짝 데친 뒤 찬물에 헹궈 체에 밭쳐 물기를 빼고,

5 달군 팬에 양념장의 1/2을 넣고 볶다가 콩나물을 넣어 볶고,

6 양파, 새우, 남은 양념장을 넣어 볶다가 미더덕, 미나리, 대파, 녹말물을 넣고 뒤적여 통깨를 뿌려내요.

차돌박이숙주샐러드

식탁에 올리면 누구에게나 사랑받는, 나만의 완소 레시피 하나쯤 가지고 있으면 정말 든든하죠.
제게는 차돌박이숙주샐러드가 그런 요리예요.
손님이 오실 때도, 남편 생일상 차릴 때도 상차림을 풍성하게 해주는 효자 메뉴랄까요.
정말 고소하고 맛있지만, 기름기 때문에 다소 느끼할 수 있는 차돌박이에
매콤하면서도 상큼한 소스의 숙주샐러드를 곁들여 느끼함은 온데간데없이 사라졌어요.

2인분

주재료	숙주 300g, 차돌박이 300g, 대추 3개
부재료	식용유 약간, 굴소스 1작은술
고기밑간	간장 1큰술, 매실청 1큰술, 참기름 1작은술, 후춧가루 약간
소스	설탕 2큰술, 간장 2큰술, 식초 2큰술, 두반장 1/2큰술, 소금 1작은술, 참기름 1작은술, 고추기름 1작은술

1 고기밑간을 섞어 차돌박이에 바르고,

2 대추는 돌려 깎아 도톰하게 다지고,

3 소스를 섞어 다진 대추를 넣어 섞고,

4 달군 팬에 차돌박이를 올리고 중불에서 앞뒤로 구워 접시에 담고,

쿠킹 팁
소스는 절반만 뿌리고 따로 담아 식성에 맞게 추가해 드세요.

5 고기 굽던 팬에 식용유를 두르고 강불에서 숙주, 굴소스를 넣어 살짝 볶은 뒤 고기, 숙주, 소스를 곁들여내요.

김치숙주부침개

녹두전을 너무너무 맛있게 부쳐내는 집이 있는데요.
만드는 법을 유심히 들여다보니 싱싱한 숙주를 그대로 넣어 부치더라고요.
그래서 집에서 자주 해먹는 김치부침개에 데치지 않은 생숙주를 그대로 넣어봤죠.
그랬더니 웬 걸요! 김치부침개의 대변신이라 할 만큼 정말 맛있는 거예요.
기존 레시피보다 한결 더 아삭하게 씹는 맛도 있어 앞으로 김치부침개에 숙주만큼은 놓치지 않을 거예요.

2인분	
주재료	숙주 50g, 김치 1컵
부재료	식용유 약간, 들기름 약간
반죽	찬물 1컵, 달걀 1개, 김칫국물 4큰술, 부침가루 2/3컵, 튀김가루 2/3컵, 고춧가루 1작은술

1 숙주는 씻고, 김치는 소를 털어내어 송송 썰고,

2 반죽을 풀어 김치를 섞고,

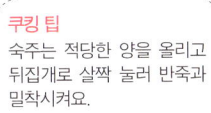

쿠킹 팁
숙주는 적당한 양을 올리고 뒤집개로 살짝 눌러 반죽과 밀착시켜요.

3 달군 팬에 식용유와 들기름을 1:1로 섞어 두른 뒤 반죽을 얹고,

4 부침개가 반쯤 익으면 숙주를 고르게 얹고 반죽을 뒤집어 노릇하게 익혀내요.

삼겹살숙주찜

삼겹살숙주찜을 집에서 해드시는 분이라면 초간단요리의 고수로 인정해드릴게요.
고기랑 채소를 찜기에 착착 쌓아서 10분만 쪄내면 근사한 고기채소찜이 완성!
불 앞에는 가기도 싫은 여름철, 보양식처럼 기운 나는 요리가 필요할 때 정말 딱이에요.
얇게 썬 대패삼겹살과 살짝 익힌 숙주를 상큼한 유자향의 청양고추소스에 찍어 먹으면
느끼함 없이, 칼로리 걱정 없이 먹을 수 있어요. 왜냐고요? 기름기 없이 푹 쪘으니까요!

4인분

주재료	숙주 200g 대패삼겹살 400g, 팽이버섯 1봉, 미나리 50g, 쪽파 2대
고기밑간	청주 2큰술, 소금 1/2작은술, 후춧가루 약간
소스	간장 2큰술, 물 2큰술, 유자청 1큰술, 식초 1큰술, 다진 청양고추 1작은술

쿠킹 팁 유자청의 건더기는 곱게 다져 넣어요.

1 소스를 섞고,

2 고기밑간을 섞어 대패삼겹살에 바르고,

3 숙주는 씻고, 팽이는 밑동을 제거하고, 미나리는 5cm 길이로 썰고, 쪽파는 송송 썰고,

4 김 오른 찜기에 숙주, 팽이, 미나리를 섞어 올리고 삼겹살을 얹어 10분간 찐 뒤 다진 쪽파, 소스를 뿌려내요.

해물숙주볶음

해산물을 오래 익히면 질겨지고 맛이 없어진다는 사실은 다들 알고 계시죠?
숙주도 마찬가지예요. 오래 조리하면 수분감이 팡팡 터지는 아삭한 질감이 사라지고 말죠.
그래서 해물은 볶기 전에 살짝 데쳐서 사용하고,
숙주는 요리 마지막에 넣어 휘리릭 재빨리 볶아내면 좋은 맛이 달아나지 않아요.
해물과 숙주가 함께해서 더 알차고 볼륨감 있는 볶음요리 한 그릇, 꼭 한번 만들어보세요.

4인분	
주재료	숙주 300g, 마늘 3쪽, 쪽파 2대, 오징어몸통 1마리, 냉동홍합 200g, 냉동새우 8마리
부재료	고추기름 2큰술, 가쓰오부시 1/2컵
양념장	굴소스 1큰술, 우스터소스 1/2큰술, 설탕 1/2작은술, 참기름 1작은술, 소금 약간, 후춧가루 약간

숙주

1 양념장을 섞고,

2 숙주는 씻고, 마늘은 편 썰고, 쪽파는 4cm 길이로 썰고, 오징어는 칼집 내어 한입 크기로 썰고,

쿠킹 팁
홍합은 껍질의 이물질과 수염을 제거해 헹궈주세요.

3 끓는 물에 새우-홍합-오징어 순으로 데치고,

4 달군 팬에 고추기름을 두르고 마늘을 넣어 볶고,

5 강불에서 데친 해물을 볶다가 숙주, 쪽파, 양념장을 넣어 볶고,

6 해물숙주볶음을 접시에 담고 가쓰오부시를 올려내요.

청포묵숙주무침

녹두가루를 잘 쑤어 만든 청포묵은 본래 맛과 향이 특별하진 않지만,
다양한 재료와 고르게 섞어 양념하면 찰랑찰랑한 식감으로 모든 재료를 아우르죠.
또 100g에 37kcal의 저칼로리식품이라 다이어트에도 좋고,
단백질과 아미노산이 풍부해서 어린이 성장발육에도 도움을 줘요.
야들야들하면서도 탱탱한 맛에 입이 즐겁고 갖가지 고운 색에 눈도 즐거워요.

4인분 · 숙주

주재료	숙주 80g, 미나리 80g, 청포묵 1모, 홍고추 1/2개, 마른 김 1/4장, 달걀 1개
부재료	소금 약간, 식용유 약간
청포묵밑간	참기름 1작은술, 소금 1/2작은술
양념장	간장 1큰술, 식초 1큰술, 매실청 2작은술, 설탕 1작은술, 깨소금 1/2큰술

쿠킹 팁 숙주의 머리, 꼬리를 제거하면 요리가 한결 정갈해져요.

1 숙주, 미나리는 씻고, 청포묵은 4×0.5cm의 막대 모양으로 썰고, 홍고추는 다지고, 김은 가늘게 오리고,

쿠킹 팁 지단을 식혀서 돌돌 말아 채 썰어주세요.

2 달걀은 소금으로 간해 잘 푼 뒤 달군 팬에 식용유를 두르고 지단을 부쳐 식힌 뒤 돌돌 말아 채 썰고,

쿠킹 팁 데칠 때 소금을 넣어요. 이 물에 채소를 데칠 예정이니 버리지 마세요.

3 끓는 물에 청포묵을 투명해질 때까지 데친 뒤 체에 밭쳐 물기를 빼고,

4 데친 청포묵에 청포묵밑간을 넣어 버무리고,

5 청포묵 데친 물에 숙주·미나리를 순서대로 데쳐 찬물에 헹군 뒤 미나리는 꼭 짜서 4cm 길이로 썰고,

6 청포묵에 숙주, 미나리, 양념장을 넣어 버무린 뒤 달걀지단, 김을 올려내요.

··········

아이가 좋아한다는 핑계로 구입한 소시지와 햄, 베이컨, 어묵 맛살.
아이들 밑반찬으로는 이만한 재료가 없지만 언제나 달달 볶아서만 주기엔 엄마의 자존심이 허락하지 않죠.
또 매번 굽고 볶아만 주니 나중엔 아이들도 한두 개씩 남기기 시작하더라고요. 아이들이 잘 먹는 음식이니까
학교급식보다 맛있게, 식당반찬보다 건강하게 조리하는 법을 소개했어요. 다양한 조리법을 이용해서 가끔은
밑반찬이 아닌 근사한 요리로 변신시켜보세요.

Part 2.

유통기한 짧은 냉장실 재료로 만든
15분 요리

소시지

햄

베이컨

어묵

맛살

소시지스튜

품질 좋은 소시지는 채소와 함께 푹 끓이면 국물이 끝내주는 스튜가 돼요.
토마토와 채소, 치킨스톡으로 맛을 낸 녹진한 국물이 몽글몽글 끓어오르면
스튜 속에 숨어 있던 소시지 특유의 진하고 고소한 향이 활짝 열리죠.
농후한 토마토수프 속에는 소시지, 양배추, 당근, 양파같이 큼직한 건더기도 푸짐해서
담백한 빵을 곁들여내면 주말 브런치메뉴로 딱이에요.

2인분

주재료	프랑크소시지 2개, 당근 1개, 양배추 2장, 양파 1/2개, 마늘 2쪽
부재료	올리브유 1큰술, 홀토마토 1/2캔, 토마토페이스트 2큰술, 물 2컵, 치킨스톡 1개, 허브믹스 1작은술, 소금 1작은술, 후춧가루 약간

1 소시지, 당근, 양배추, 양파는 큼직하게 썰고, 양파는 한입 크기로 썰고, 마늘은 편 썰고,

2 달군 냄비에 올리브유를 두르고 마늘, 양파를 넣어 양파가 무를 때까지 볶고,

3 양배추, 당근을 넣어 볶다가 소시지를 넣어 볶고,

4 홀토마토, 토마토페이스트를 넣고 주걱으로 토마토를 으깨어가며 볶고,

쿠킹 팁
매운맛을 원하면 페페론치노를 다져 넣으세요.

5 물, 치킨스톡, 허브믹스를 넣어 당근이 물러질 때까지 끓이다가 소금, 후추로 간해 그릇에 담아내요.

밥도그

밀가루반죽 대신 뭉친 밥에 소시지를 넣고 튀겨낸 밥도그는 아이들이 참 좋아해요.
커다랗게 뭉쳐 나무젓가락을 꽂거나 한입 크기로 만들면 먹기에도 간편하죠.
이때 밥반죽에 아이들이 골라내던 채소를 곱게 다져서 넣어보세요.
평소에 밥을 잘 먹지 않거나 편식하던 아이들도 불평 없이 잘 먹거든요.
튀김이 번거로운 날엔 볶음밥 가운데 소시지를 넣고 뭉쳐서 주먹밥으로 활용하세요.

2인분	소시지 
주재료	비엔나소시지 10개, 당근 1/5개, 호박 1/5개, 양파 1/4개, 달걀 2개, 밥 1+1/2공기
부재료	식용유 적당량, 소금 약간, 밀가루 1/4컵, 빵가루 1컵

1 당근, 호박, 양파는 곱게 다지고, 달걀은 잘 풀고,

2 달군 팬에 식용유를 두르고 당근, 호박, 양파를 볶다가 소금으로 간해 덜어두고,

> **쿠킹 팁**
> 달걀물은 한꺼번에 넣지 말고 1큰술씩 넣어가며 밥을 뭉쳐 주세요.

3 따뜻한 밥에 볶은 채소, 소금, 달걀물(2~3큰술)을 넣어 섞고,

4 양념한 밥을 한입 크기로 잡은 뒤 밥 안에 소시지를 넣어 뭉치고,

5 뭉친 밥에 밀가루-달걀물-빵가루 순으로 튀김옷을 입히고,

> **쿠킹 팁**
> 식탁에 낼 때 케첩을 곁들이세요.

6 170℃로 달군 식용유에 밥도그를 넣어 노릇하게 튀겨내요.

소시지채소볶음

동글동글 모양도 예쁘고 맛도 좋은 비엔나소시지는
추억의 도시락 반찬이자 안주계의 명불허전 '소야'의 주인공이기도 하죠.
흔하디흔한 케첩맛 소시지야채볶음이라고 얕보지 마세요.
남몰래 넣은 핫소스가 톡 쏘는 매운맛을 자극하고,
슬쩍 넣은 스테이크소스가 진하고 깊은 맛으로 케첩의 신맛을 부드럽게 녹여주거든요.

2인분	소시지
주재료	비엔나소시지 15개, 양파 1/2개, 청피망 1/4개, 홍피망 1/4개
부재료	식용유 1큰술, 다진 마늘 1/2작은술, 소금 약간, 후춧가루 약간
양념장	케첩 2큰술, 스테이크소스 2큰술, 핫소스 1큰술, 올리고당 1큰술, 설탕 1작은술

1 양념장을 섞고,

2 양파, 피망은 한입 크기로 썰고, 소시지는 칼집을 내고,

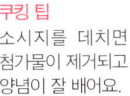

쿠킹 팁
소시지를 데치면 첨가물이 제거되고 양념이 잘 배어요.

3 끓는 물에 소시지를 넣어 살짝 데치고,

4 달군 팬에 식용유를 둘러 다진 마늘을 볶다가 양파, 피망을 넣어 볶고,

5 소시지, 양념장을 넣어 볶다가 소금, 후추로 간해 가볍게 볶아내요.

카레부대찌개

부대찌개는 식당에서 먹으면 너무 맛있는데 집에서는 그 맛을 내기가 묘하게 어려워요.
같은 재료를 넣고 끓였을 텐데 진득한 감칠맛이 부족하달까요?
그래서 저는 식당에서 쓰는 조미료 대신 카레가루를 넣어줘요.
카레 고유의 향이 소시지와 햄의 느끼한 맛을 잡아주고 찌개맛도 살려주거든요.
카레가루 하나로 뻔한 부대찌개의 맛을 전문점 못지않게 레벨업 해보세요.

4인분

주재료	프랑크소시지 3개, 두부 1/4모, 표고버섯 3개, 대파 1대, 통조림햄 2/3캔, 그라운드비프 50g, 다시마육수 3컵, 물만두 1컵, 슬라이스치즈 1장, 라면사리 1개
양념장	카레가루 2큰술, 고추장 2큰술, 고춧가루 1큰술, 청주 1큰술, 다진 마늘 1큰술, 참치액 1/2큰술, 후춧가루 약간

1 양념장을 섞고,

2 두부는 한입 크기로 썰고, 표고는 모양 살려 썰고, 대파는 어슷 썰고,

쿠킹 팁
그라운드비프는 간 소고기를 뭉쳐놓은 제품이에요. 없으면 다진 소고기를 소금, 후추, 청주로 밑간해 넣어주세요.

1 소시지, 통조림햄, 그라운드비프는 먹기 좋은 크기로 썰고,

4 전골팬에 대파, 라면사리를 제외한 모든 재료를 돌려 담고,

쿠킹 팁
떡국떡, 삶은 펜네나 마카로니를 넣어도 맛있어요.

5 끓는 다시마육수를 붓고 양념장을 넣어 팔팔 끓으면 라면, 만두, 치즈, 대파를 넣어 한소끔 끓여내요.

햄마끼

일식집에 가면 마른 김에 밥과 날치알, 무순을 넣고 삼각뿔 모양으로 말아주는 요리를
김마끼라고 해요. 특별한 재료가 들어간 것도 아니고 조리법도 간단해서
반찬이 없을 때 휘리릭 만들어 상에 내기에도 편리한 메뉴죠.
저는 날치알 대신 온 가족이 잘 먹는 햄이랑 단무지, 오이, 무순을 넣어
요리에 살짝 무게감을 주면서 식감도 살렸어요. 햄마끼로 재료와 밥의 황금밸런스를 느껴보세요.

2인분	
주재료	햄 200g, 오이 1/2개, 무순 1/2봉, 단무지 4개, 김밥김 2장, 밥 1+1/2공기
배합초	식초 2큰술, 설탕 1큰술, 소금 1/2큰술

1 햄, 오이는 무순 길이로 채 썰고, 단무지도 비슷한 길이로 썰고, 김은 길게 반 가르고,

2 배합초를 섞어 전자레인지에서 설탕이 녹을 정도로 10초간 데우고,

3 따뜻한 밥에 배합초를 넣어 섞고,

4 김 위에 밥을 1/3쯤 펴고 모든 재료를 올린 뒤 비스듬히 돌돌 말아내요.

오이햄볶음

오이는 아삭한 식감과 싱그러운 향이 좋아서
대개 생식으로 먹거나 절여서 먹는 정도로만 요리하셨을 거예요.
하지만 열을 가해서 살짝 볶으면 오이가 가진 시원한 향이 더 풍성하게 퍼져요.
그래서 소고기와 오이를 함께 볶아먹는 반찬을 응용하여 쇠고기 대신 햄을 넣어봤어요.
햄의 훈연된 향과 오이의 아작한 식감이 어우러져 깔끔하고 정갈하답니다.

2인분	
주재료	햄 100g, 오이 1개, 풋고추 1개, 홍고추 1개
부재료	소금 약간, 식용유 1큰술, 굴소스 1작은술, 통깨 1작은술, 후춧가루 약간

쿠킹 팁
너무 세게 짜면 오이가 으스러지니 물기만 살짝 짜주세요.

1 오이는 동글 썰고, 햄은 네모나게 썰고, 고추는 송송 썰고,

2 오이에 소금을 넣고 버무려 잠시 절인 뒤 물기를 살짝 짜고,

3 달군 팬에 식용유를 둘러 다진 마늘을 볶다가 오이를 볶고,

4 햄, 굴소스를 넣어 볶다가 고추, 통깨, 후추를 뿌려 볶아내요.

햄오므라이스

식구들은 요리만 보고도 단번에 알아채곤 해요.
엄마가 평소처럼 요리했는지, 아니면 조금 더 신경을 써서 요리했는지를 말이죠.
가끔은 볶음밥을 할 때 다른 때보다 햄을 듬뿍 넣고 볶아서
부드러운 달걀로 달걀이불도 덮어주고 일본풍의 진한 소스도 예쁘게 얹어주세요.
먹음직스러운 햄오므라이스 앞에서 식구들 모두 입꼬리가 활짝 올라간다니까요.

2인분

주재료	햄 100g, 양송이버섯 4개, 양파 1/2개, 청피망 1/4개, 당근 1/5개, 밥 2공기, 달걀 3개
부재료	식용유 적당량, 돈가스소스 1/2컵, 케첩 3큰술, 올리고당 1큰술, 우유 2큰술, 소금 약간, 후춧가루 약간

쿠킹 팁
볶음밥의 채소는 냉장고의 자투리 재료를 쓰세요.

1 양송이는 모양 살려 썰고, 양파 1/4개는 채 썰고, 햄, 피망, 당근, 나머지 양파 1/4개는 다지고,

2 달군 팬에 식용유를 두르고 양송이, 채 썬 양파를 볶다가 돈가스소스, 케첩, 올리고당, 우유를 넣고 끓여 소스를 만들고,

3 달군 팬에 식용유를 두르고 다진 양파, 당근, 햄, 피망을 볶고,

4 밥을 넣어 볶다가 소금, 후추로 간하고,

5 달걀은 팬에 식용유를 두르고 소금으로 간해 잘 푼 뒤 팬에 식용유를 둘러 지단을 부치고,

쿠킹 팁
오목한 그릇에 볶음밥을 눌러 담았다가 지단 위에 그대로 올리면 모양을 쉽게 잡을 수 있어요.

6 달걀지단 위에 볶음밥을 넣고 모양을 잡아 접시에 담은 뒤 소스를 부어내요.

햄크로켓

자, 먼저 감자를 삶아주세요. 햄도 양껏 다져주시고요.
포슬포슬하게 잘 삶아진 감자를 뜨거울 때 푹푹 으깬 다음에 햄을 듬뿍듬뿍 넣어서 반죽해주세요.
그러면 그냥 먹어도 맛있는 햄크로켓 반죽이 완성되었는데요, 이걸 튀겨서 호호 불어가며 먹으면
얼마나 맛있을까요? 돈가스소스를 곁들이면 밥반찬, 케첩을 곁들이면 간식,
카레에 곁들이면 카레소스크로켓으로 변신하는 멀티메뉴랍니다.

2인분

주재료	햄 100g, 감자 2개, 양파 1/4개, 피자치즈 60g, 달걀 2개
부재료	파르메산치즈가루 2큰술, 소금 약간, 후춧가루 약간, 밀가루 1/4컵, 빵가루 1컵

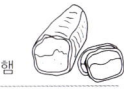

쿠킹 팁
끓는 물에 소금을 약간 넣고 삶아주세요.

1 감자는 껍질을 벗겨 4등분 한 뒤 찬물에 넣고 삶아 뜨거울 때 으깨고,

2 햄, 양파는 곱게 다지고,

3 으깬 감자, 햄, 양파, 피자치즈, 파르메산치즈가루, 소금, 후추를 섞어 한입 크기로 뭉치고,

4 달걀은 잘 풀고,

5 뭉친 크로켓에 밀가루-달걀물-빵가루 순으로 튀김옷을 입히고,

6 160℃로 달군 식용유에 넣고 노릇하게 튀겨내요.

쿠킹 팁
돈가스소스나 케첩을 곁들이세요.

마늘종베이컨말이

어렸을 때 엄마가 보던 여성잡지에는 늘 마요네즈 광고 페이지가 있었어요.
희고 고운 마요네즈 옆에는 근사하면서도 맛있어 보이는 서양요리가 꼭 자리하고 있었죠.
지금 생각해보니 아마도 베이컨에 아스파라거스를 말아 구운 요리가 아닐까 싶어요.
이젠 베이컨이 대중화되어서 아스파라거스, 꽈리고추, 단호박, 떡볶이떡 등
다양한 재료를 베이컨에 말아 구워 먹곤 해요. 특히 알싸한 마늘종을 데쳐서 넣으면
아린 맛은 사라지고 향긋함만 남아 아이도, 어른도 모두 잘 먹어요.

2인분		 베이컨
주재료	베이컨 6장, 마늘종 6대	
부재료	올리브유 1/2큰술, 후춧가루 약간	

1 마늘종은 씻은 뒤 5cm 길이로 썰고, 베이컨은 2등분하고,

> **쿠킹 팁**
> 끓는 물에 소금을 약간 넣고 데쳐 주세요.

2 끓는 물에 마늘종을 살짝 데친 뒤 찬물에 헹궈 물기를 빼고,

3 베이컨 위에 데친 마늘종 4~5개를 올려 돌돌 말고,

> **쿠킹 팁**
> 베이컨의 이음매부터 팬에 눌러 가며 익히면 풀어지지 않아요.

4 달군 팬에 올리브유를 두르고 노릇하게 구운 뒤 후추를 뿌려내요.

베이컨버섯웜샐러드

샐러드는 잎채소를 차갑고 신선하게 보관했다가 먹는 게 정석이라고 생각하시겠지만,
속이 헛헛할 때는 채소를 데치거나 볶아서 만든 따뜻한 샐러드가 제격이에요.
물론 콜드샐러드만큼의 싱그러움은 덜해요. 그렇지만 조리하는 과정에서 재료 고유의 맛이 살아나
보다 풍부함이 느껴지죠. 쫄깃한 버섯을 종류별로 다양하게 넣고 볶은 다음
바삭하게 구운 베이컨을 올리고 발사믹소스를 뿌려 먹으면 레스토랑 샐러드가 따로 없어요.
잣 대신 호두, 아몬드 등 견과류를 듬뿍 얹어도 맛있답니다.

2인분	베이컨 
주재료	베이컨 2장, 표고버섯 5개, 양송이버섯 5개, 새송이버섯 1개, 애느타리버섯 100g, 마늘 3쪽, 잣 1큰술
부재료	올리브유 1큰술, 발사믹식초 1큰술, 간장 1/2큰술, 소금 약간, 후춧가루 약간, 파슬리가루 1작은술

1 표고, 양송이, 새송이는 먹기 좋게 썰고, 애느타리는 가닥가닥 뜯고.

2 마늘은 편 썰고, 베이컨은 4등분 하고.

쿠킹 팁
잣의 고깔은 떼어내고 볶아요.

3 마른 팬에 잣을 노릇하게 볶아 덜어두고.

4 잣을 구운 팬에 베이컨을 바삭하게 구워 키친타월에 올려 기름기를 빼고.

쿠킹 팁
버섯은 오래 볶으면 물이 생기니 재빨리 살짝만 볶아주세요.

5 팬의 기름을 닦아낸 뒤 올리브유를 둘러 마늘을 볶다가 버섯을 모두 넣어 강불에서 볶고.

6 발사믹식초, 간장, 소금, 후추, 파슬리 가루로 간한 뒤 베이컨, 잣을 올려내요.

김치베이컨부리또

김치볶음밥은 어떤 재료를 추가하느냐에 따라 맛이 확연하게 차이가 나요.
자글자글 고소한 향을 뿜내는 구운 베이컨을 추가하면
심심했던 볶음밥에 깊고 풍부한 맛이 살아나고요, 또 버터와 고추장, 우스터소스를 넣어 볶으면
한식인지 양식인지 모를 만큼 이국적이면서도 독특한 매력을 풍기는 볶음밥이 되죠.
이걸 토르티야에 돌돌 말아내면 멕시코요리 부리또가 되니 대박볶음밥이라고 이름 붙일까 봐요.

2인분	베이컨 
주재료	베이컨 4장, 냉동새우 4마리, 김치 1컵, 밥 1+1/2공기, 토르티야 2장
부재료	버터 1큰술, 올리브유 1큰술, 고추장 1큰술, 우스터소스 1작은술

1 베이컨은 채 썰고, 새우는 송송 썰고, 김치는 소를 털어내 송송 썰고,

2 달군 팬에 버터, 올리브유를 두르고 김치, 베이컨을 볶다가 새우를 볶고,

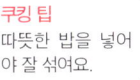
쿠킹 팁
따뜻한 밥을 넣어야 잘 섞여요.

3 밥, 고추장, 우스터소스를 넣어 볶고,

4 마른 팬에 토르티야를 앞뒤로 살짝 굽고,

5 토르티야 아래쪽에 볶음밥을 얹고 양쪽 끝을 접은 후 돌돌 말아내요.

BLT 샌드위치

샌드위치전문점이나 카페에 가면 BLT샌드위치라는 메뉴를 많이 보셨을 거예요.
베이컨(Bacon)의 B, 양상추(Lettuce)의 L, 토마토(Tomato)의 T를 딴 기본 샌드위치예요.
바삭하게 구워서 풍미와 향기를 진하게 품은 베이컨, 신선한 양상추, 토마토를
3단으로 켜켜이 쌓아 반으로 자르면, 알록달록 줄 선 색색의 재료가 얼마나 예쁜지 몰라요.
기본 중의 기본인 정통샌드위치이지만 맛의 조화가 완벽해서 오랫동안 사랑받는 거겠죠?

2인분  베이컨

주재료	베이컨 6장, 양상추 2장, 로메인(혹은 상추) 4장, 토마토 2개, 오이피클 2개, 식빵 6장, 슬라이스치즈 2장
스프레드	마요네즈 4큰술, 씨겨자 1큰술, 설탕 1/2큰술, 백후춧가루 약간

1 양상추, 로메인은 얼음물에 담갔다 물기를 빼고, 토마토는 링 모양으로 썰고, 피클은 얇게 썰고,

2 베이컨은 바삭하게 구워 키친타월에 올려 기름기를 빼고,

3 스프레드를 섞고,

4 식빵은 마른 팬에 양면을 구운 뒤 한 면에는 스프레드를 바르고,

5 식빵 위에 로메인-치즈-토마토를 올려 식빵으로 덮은 뒤 식빵 윗면에 다시 스프레드를 바르고,

6 양상추-베이컨-피클을 올린 뒤 식빵으로 덮어 무거운 도마로 눌렀다가 썰어내요.

쿠킹 팁 젖은 키친타월을 덮어 무거운 것으로 눌러주어야 속재료가 흐트러지지 않아요.

브런치감자

브런치에서 빠질 수 없는 4대 재료를 꼽자면 베이컨, 소시지, 달걀, 감자가 아닐까요?
제가 알려드릴 브런치감자는요, 소시지를 제외한 나머지 재료를 모두 담은 요리예요.
베이컨을 굽던 팬에 삶은 감자를 넣어 겉은 바삭바삭 고소하게 익혀주고요,
삶은 달걀도 한 번 더 구워주면 베이컨 향이 곳곳에 배어 있어 정말정말 맛있어요.
두툼한 소시지와 샐러드까지 곁들여 차려내면 브런치카페가 부럽지 않아요.

2인분		베이컨 
주재료	베이컨 4장, 감자 2개, 달걀 2개, 마늘 2쪽	
부재료	소금 약간, 후춧가루 약간, 파르메산치즈가루 약간	

쿠킹 팁
끓는 물에 소금을 약간 넣고 삶아요.

1 감자는 껍질을 벗겨 2등분한 뒤 끓는 물에 삶아 큼직하게 썰고,

쿠킹 팁
찬물에 소금, 식초를 약간 넣고 삶아주세요.

2 달걀은 찬물에 넣고 삶은 뒤 껍질 벗겨 큼직하게 썰고,

3 베이컨은 4등분 하고, 마늘은 편 썰고,

4 달군 팬에 베이컨을 바삭하게 구워 덜어두고,

5 베이컨을 굽던 팬에 마늘, 감자를 넣어 노릇하게 익히고,

쿠킹 팁
삶은 달걀의 노른자가 부서지지 않도록 살살 볶아주세요.

6 삶은 달걀, 베이컨을 넣고 소금, 후추로 간한 뒤 파르메산치즈가루를 뿌려내요.

양배추베이컨볶음

재료도 간단, 조리법도 간편, 후다닥 움직이면 5분 안에 만들 수 있는
초간단 반찬 하나 알려드릴게요. 주재료는 단 두 가지, 양배추와 베이컨만 있으면 돼요.
레시피에서는 대파도 사용했지만 우리 집 냉장고에 없다면 과감히 생략하는 센스도 발휘하시고요.
양배추와 베이컨을 먹기 좋게 썰어 강한 불에서 굴소스로 간해 볶아낸 다음
고추기름 약간으로 포인트를 주면 중화요리처럼 불맛 나는 요리 한 접시가 완성된답니다.

2인분 베이컨

주재료	베이컨 3장, 양배추 250g, 대파 1/2대
부재료	식용유 1큰술, 다진 마늘 1/2큰술, 굴소스 2작은술, 소금 약간, 후춧가루 약간, 고추기름 1작은술

쿠킹 팁
양배추의 두꺼운 심을 도려내고 사용해요.

1 베이컨, 양배추는 도톰하게 채 썰고, 대파는 어슷 썰고,

2 달군 팬에 식용유를 둘러 다진 마늘을 볶다가 베이컨을 넣어 볶고,

쿠킹 팁
강불에서 볶아야 양배추의 아삭한 맛이 살고 물이 생기지 않아요.

3 양배추, 굴소스를 넣어 볶고,

4 양배추의 숨이 살짝 죽으면 소금, 후추로 간한 뒤 고추기름을 넣어 가볍게 뒤적여내요.

사과소스베이컨샐러드

아스파라거스, 이름이 참 재밌지 않나요?
숙취에 좋은 아미노산의 일종인 아스파라긴을 처음 발견하게 된 채소라서
아스파라거스라는 이름을 갖게 되었대요. 동물성 단백질인 베이컨과 함께 먹으면
맛도 좋고 영양밸런스도 맞출 수 있으니 건강을 생각해서라도 사과소스를 곁들인 베이컨샐러드를
식탁에 자주 올리려고 해요. 짭조름하고 새콤해서 밥이랑도 참 잘 어울린답니다.

4인분 베이컨

주재료 베이컨 150g, 아스파라거스 8대, 영양부추 20g, 양파 1/2개, 빨간파프리카 1/4개

사과소스 양파 1/2개, 사과 1/4개, 마늘 3쪽, 레몬즙 2큰술, 설탕 1+1/2큰술, 피시소스 1큰술, 고춧가루 1큰술

쿠킹 팁 하루 전날 만들어 차갑게 두면 더 맛있어요. 피시소스 대신 멸치액젓을 써도 좋아요.

1 사과소스는 믹서에 곱게 갈고,

2 아스파라거스, 부추는 4cm 길이로 썰고, 양파, 파프리카, 베이컨은 채 썰고,

3 채 썬 양파는 찬물에 담가 매운맛을 뺀 뒤 물기를 제거하고,

쿠킹 팁 끓는 물에 소금을 약간 넣고 데쳐주세요.

4 끓는 물에 아스파라거스를 살짝 데치고,

5 달군 팬에 베이컨을 바삭하게 구운 뒤 키친타월에 올려 기름기를 빼고,

쿠킹 팁 소스는 2/3 정도만 넣어 버무리고 나머지는 따로 곁들이세요.

6 아스파라거스, 양파, 파프리카에 사과소스를 넣고 버무린 뒤 베이컨, 영양부추를 올려내요.

매운어묵김밥

몸이 너무 피곤하거나 스트레스 받는 일이 있으면 머리가 찡하도록 매운 게 먹고 싶어져요.
제일 간편하게 먹을 수 있는 음식이 매운김밥인데요, 요즘에는 김밥전문점에
매운김밥이 하나씩은 있을 정도로 인기 있는 메뉴래요.
저는 연희동의 매운오징어김밥에서 영감을 받아 오징어 대신 맵게 양념한 어묵을 넣고
생오이로 신선한 맛을 보충해 꼬마김밥으로 만들었어요.
말아놓으면 금세 동나니까 꼭 생각보다 많은 양을 만드셔야 할 거예요.

2인분	어묵 
주재료	사각어묵 2장, 오이 1개, 밥 2공기, 김밥김 3장
조림양념	고춧가루 1/2큰술, 올리고당 1/2큰술, 고추장 1/2큰술, 간장 2작은술, 다진 마늘 1작은술
밥양념	참기름 1큰술, 통깨 1큰술, 소금 1/2작은술

쿠킹 팁
어묵 대신 진미채를 살짝 찐 뒤에 양념에 조려서 써도 맛있어요.

1 오이는 반 갈라 씨를 제거한 뒤 길게 6등분 하고, 어묵은 1cm 두께로 길게 썰고,

2 끓는 물에 어묵을 살짝 데친 뒤 달군 팬에 식용유를 둘러 어묵, 조림양념을 넣어 중약불에서 졸이고,

쿠킹 팁
매운어묵조림은 넉넉하게 넣어야 맛있어요.

3 따뜻한 밥에 밥양념을 넣어 버무리고,

4 김을 2등분해 따뜻한 밥을 펴고 어묵조림과 오이를 올린 뒤 돌돌 말아 4등분으로 썰어내요.

김치어묵칼국수

김칫국이나 김치찌개를 끓일 때 다들 두부 넣으시죠?
저는 언젠가부터 국이나 찌개에 두부 대신 어묵을 넣기도 해요.
특히 콩나물과 김치로 시원한 맛을 내는 김치칼국수에 어묵을 넣으면
국물맛도 진해지고 면과 함께 어묵 씹히는 맛이 꽤 좋거든요.
국물이 칼칼하고 개운해서 해장용으로도 그만이에요.

2인분	어묵 
주재료	사각어묵 2장, 김치 1컵, 콩나물 50g, 대파 1/2대, 청양고추 2개, 멸치다시마육수 3컵, 김칫국물 1/2컵, 생칼국수면 300g
국물양념	고춧가루 1큰술, 참치액 1/2큰술, 국간장 1작은술, 다진 마늘 1작은술, 후춧가루 약간

1 어묵은 2등분해 도톰하게 채 썰고, 김치는 먹기 좋게 썰고, 콩나물은 씻고, 대파, 청양고추는 송송 썰고,

2 냄비에 멸치다시마육수, 김치, 김칫국물을 넣어 5분 정도 끓이고,

3 어묵, 콩나물, 국물양념을 넣어 끓으면 칼국수면을 넣어 끓이고,

4 대파, 청양고추를 넣고 한소끔 더 끓여내요.

어묵잡채

양파, 당근, 버섯 등 자투리 채소가 자잘하게 여러 종류 모였다면
어묵볶음 대신 어묵잡채를 만들어보세요.
잡채의 주재료인 당면 대신 어묵을 가늘게 채 썰어 듬뿍 넣고,
채소도 어묵처럼 채 썰어 듬뿍듬뿍 넣어 볶으면 당면 없이 잡채맛 나는 어묵요리가 돼요.
특히 표고버섯을 넉넉하게 넣으면 맛이 더 고급스러워져요.

4인분	
주재료	사각어묵 4장, 양파 1/2개, 당근 1/4개, 표고버섯 5개, 쪽파 5대
부재료	식용유 2큰술, 참기름 1작은술, 통깨 1작은술
양념장	굴소스 1큰술, 맛술 1큰술, 간장 2작은술, 설탕 1작은술, 후춧가루 1/4작은술, 소금 약간

어묵

1 양념장을 섞고,

2 어묵은 2등분해 가늘게 채 썰고, 양파, 당근, 표고도 채 썰고, 쪽파는 4cm 길이로 썰고,

> **쿠킹 팁**
> 식용유에 고추기름을 1작은술 섞으면 살짝 매콤해져요.

3 달군 팬에 식용유를 두르고 양파, 당근을 볶고,

4 어묵, 표고를 넣고 1분 정도 볶고,

5 양념장을 넣어 볶다가 쪽파, 참기름, 통깨를 넣고 한 번 더 볶아내요.

어묵콩나물조림

칼칼한 양념이 당길 때면 해물찜이나 갈치조림같이 진한 맛의 음식이 생각나요.
하지만 현실은 해산물이나 생선 하나 없는 텅 빈 냉장고뿐.
그래도 실망하지 마세요. 푸짐한 해물 대신 도톰한 어묵 한 봉지와 콩나물을 가지고
입맛 도는 밥도둑 어묵콩나물찜을 만들 수 있거든요.
천 원짜리 세 장으로 누리는 행복한 만찬, 함께 즐겨보아요.

4인분  어묵

주재료	도톰한 어묵 200g, 콩나물 250g, 쪽파 5대, 멸치다시마육수 3/4컵
부재료	식용유 2큰술, 참기름 1작은술, 통깨 1/2큰술, 녹말물 1큰술
양념장	고춧가루 3큰술, 간장 2큰술, 맛술 1큰술, 다진 마늘 1큰술, 설탕 1/2큰술, 후춧가루 약간

1 양념장을 섞고,

2 콩나물은 씻고, 쪽파는 4cm 길이로 썰고, 어묵은 먹기 좋게 썰고,

3 달군 팬에 식용유를 두르고 콩나물을 살짝 볶고,

4 양념장, 어묵, 멸치다시마육수를 붓고 섞어가며 끓이고,

쿠킹 팁
녹말물은 불을 약간 줄이고 농도를 조절해가며 넣어야 뭉치지 않아요.

5 쪽파를 섞고 녹말물을 푼 뒤 참기름, 통깨를 뿌려내요.

어묵조개탕

저는 겨울이 왔다 싶으면 제일 먼저 하는 일이 있어요.
값싼 제품이든 수제 고급어묵이든 할 것 없이 어묵을 왕창 사서 냉동실에 얼려놔요.
왜냐하면 바람이 쌩쌩 불거나 눈이라도 오는 날엔 늘 냉동실 어묵에 조개와 채소를 넣어
시원한 맛이 일품인 어묵조개탕을 끓여야 하거든요.
깔끔한 조개탕 국물에 얼었던 몸이 사르르 녹고 부드러운 어묵 한입에 피로가 달아나요.

4인분	어묵 
주재료	어묵 250g, 모시조개 250g, 청양고추 2개, 대파 1/2대, 쑥갓 50g, 멸치다시마육수 5컵, 쥐똥고추 4개
양념	참치액 1큰술, 국간장 1/2큰술, 소금 약간

1 모시조개는 해감하고,

2 어묵, 청양고추, 대파는 어슷 썰고, 쑥갓은 4cm 길이로 썰고,

쿠킹 팁
마지막 간은 일반 소금 대신 천일염을 사용하면 감칠맛이 좋아요.

3 냄비에 멸치다시마육수를 넣고 끓으면 어묵, 쥐똥고추, 양념을 넣어 끓이고,

쿠킹 팁
배추를 넣고 끓여도 맛있어요. 단, 배추는 어묵과 동시에 넣어주세요.

4 어묵에 간이 배면 모시조개를 넣고 끓이다가 조개가 입을 벌리면 대파, 쑥갓, 청양고추를 올려내요.

어묵양파덮밥

어묵은 볶음, 조림, 탕 등 어떤 요리를 해도 맛있고 어떤 채소와도 잘 어울려요.
특히 양파와 함께 조리하면 단맛이 상승해 요리가 훨씬 부드럽고 맛있어지죠.
그래서 양파랑 어묵을 양껏 넣고 보들보들한 덮밥으로 만들어보았어요.
두 가지 재료만으로도 충분하지만, 탱글탱글한 새우살을 추가했으니 훨씬 더 맛있겠죠?
따끈한 밥 위에 짭조름하게 볶은 어묵과 양파, 새우를 얹어 푸짐한 한 그릇을 즐겨보세요.

주재료	도톰한 어묵 150g, 냉동새우 1/2컵, 양파 1/2개, 쪽파 4대, 밥 2공기, 조미김가루 1/4컵
부재료	식용유 약간
소스	다시마육수 2/3컵, 간장 2큰술, 맛술 2큰술, 설탕 2큰술, 청주 2큰술, 후춧가루 약간

1 새우는 해동하고, 양파는 채 썰고, 쪽파는 4cm 길이로 썰고, 어묵은 먹기 좋게 썰고,

쿠킹 팁 어묵을 데치면 기름기가 빠져 맛이 깔끔해져요.

2 끓는 물에 어묵을 살짝 데치고,

3 냄비에 소스를 넣고 팔팔 끓으면 약불로 줄여 2~3분간 더 졸이고,

4 달군 팬에 식용유를 두르고 새우, 소스(1큰술)를 넣고 구워 덜어두고,

5 어묵, 양파, 소스(3큰술)를 넣고 볶다가 쪽파를 넣고 뒤적인 뒤 불을 끄고,

6 밥 위에 어묵볶음, 새우를 올린 뒤 남은 소스와 김가루를 올려내요.

양념치즈핫바

마트나 편의점에서도 쉽게 구할 수 있는 핫바는 아이들 간식용으로 가끔 구입해요.
처음에는 전자레인지에 살짝 돌려만 주어도 잘 먹더니 금세 질렸는지
맵거나 달달한 소스를 원하더라고요. 그래서 아이들이 잘 먹는 떡꼬치양념을 만들어
핫바에 바르고 치즈를 얹어 특별한 간식처럼 변신시켜줬어요.
매콤달콤한 양념에 짭조름한 치즈까지 얹었으니 요즘 대세 '단짠' 간식이 되었네요.

2인분	어묵
주재료	핫바용어묵 2개, 피자치즈 1/2컵
부재료	파슬리가루 약간
양념장	케첩 2큰술, 고추장 1큰술, 올리고당 1큰술, 설탕 1작은술, 다진 마늘 1작은술, 간장 1/2작은술

1 양념장을 섞고,

2 핫바용어묵은 전자레인지에 넣어 1분간 가열하고,

쿠킹 팁
양념이 타지 않게 약불에서 조리해요.

3 팬에 양념장을 넣고 끓이다가 어묵을 넣어 조리고,

쿠킹 팁
치즈가 녹을 만큼 가열하세요.

4 조린 어묵에 피자치즈를 얹고 전자레인지에서 살짝 가열한 뒤 파슬리가루를 뿌려내요.

어묵냄비우동

주말이면 한 끼 정도는 꼭 면요리를 먹어야 하는 식구들 덕분에
저희 집에는 파스타, 소면, 우동면, 중화면, 라면 등 항상 면이 넘쳐나요.
그중에서도 우동면은 볶음이나 국물요리 등 쓰임이 많아서 늘 잊지 않고 챙겨놓죠.
오늘은 여러 가지 우동요리 중에 저희 집 인기메뉴인 어묵냄비우동을 소개해드리려고 해요.
진한 멸치육수에 분식집처럼 어묵과 유부를 넣고 끓여 참치액으로 맛을 내면
나도 모르게 국물 한 방울까지 남김없이 먹게 될 거예요.

2인분		어묵 
주재료	어묵 250g, 무 100g, 유부 4장, 쑥갓 약간, 표고버섯 2개, 대파 1/2대, 멸치다시마육수 5컵, 우동면 2봉	
양념	간장 1큰술, 참치액 1/2큰술, 맛술 1큰술, 소금 약간	

1 무는 얇고 네모나게 썰고, 어묵, 유부는 먹기 좋게 썰고,

쿠킹 팁
표고버섯 윗부분에 칼로 모양을 내면 요리가 고급스러워 져요.

2 쑥갓은 4cm 길이로 썰고, 표고는 밑동을 제거하고, 대파는 송송 썰고

3 냄비에 멸치다시마육수, 무를 넣어 끓이고,

4 무가 익으면 어묵, 유부를 넣어 양념으로 간하고,

쿠킹 팁
고춧가루나 시치미가루를 뿌리면 칼칼하고 맛있어요.

5 우동을 넣어 끓인 뒤 대파, 쑥갓을 올려내요.

어묵마요무침

마트에서 파는 어묵은 시장에서 파는 어묵보다 도톰해서 식감이 조금 단단한 편이에요.
그래서 뜨거운 물에 데쳐서 사용하면 훨씬 부드럽게 먹을 수 있어요.
또 데치는 동안 기름기와 불순물도 제거해주고요. 데친 어묵은 와사비간장만 곁들여도 맛있지만,
마요네즈와 함께 양념하면 부드러운 촉감이 한층 살아나요.
어묵에 좋아하는 과일과 채소를 보태고 마요네즈소스로 버무려 단골반찬 한 가지를 추가해보세요.

		어묵 
2인분		
주재료	사각어묵 3장, 오이 1/2개, 양파 1/4개, 사과 1/4개, 옥수수통조림 3큰술	
마요소스	마요네즈 4큰술, 레몬즙 1/2큰술, 설탕 1작은술, 소금 약간, 후춧가루 약간	

1 마요소스를 섞고,

2 어묵은 먹기 좋게 채 썬 뒤 끓는 물에 살짝 데쳐 물기를 빼고,

쿠킹 팁
반 가른 오이는 티스푼으로 씨를 말끔하게 긁어내 주세요.

3 오이는 길게 반 갈라 씨를 제거한 뒤 송송 썰고, 양파, 사과는 잘게 썰고, 옥수수통조림은 국물을 따라내고,

쿠킹 팁
다진 땅콩을 뿌려도 맛있어요.

4 마요소스에 준비한 재료를 모두 넣고 버무려내요.

어묵매운탕

어묵매운탕을 끓이기로 마음먹으면 식탁 위에 버너를 먼저 올려놓아요.
진한 멸치육수에 매콤한 양념장, 국물을 더 진하게 맛내 줄 어묵과 건더기를 넣고 보글보글 끓이면
식구들 모두 너도나도 할 것 없이 어묵과 두부 먼저 골라 먹기 바쁘죠.
칼칼한 국물까지 맛보았으면 이제 우동이나 칼국수를 넣고 끓일 시간!
어묵매운탕으로 즐기다가 얼큰한 면요리까지 즐길 수 있으니 정말 기특한 요리 아닌가요?

어묵

4인분	
주재료	종합어묵 250g, 멸치다시마육수 3컵, 양파 1/2개, 호박 1/4개, 청양고추 2개, 홍고추 1개, 대파 1/2대, 쑥갓 50g, 두부 1/2모, 유부 2개
양념장	고춧가루 1+1/2큰술, 참치액 1큰술, 맛술 1큰술, 고추장 1큰술, 국간장 1작은술, 다진 마늘 1작은술, 소금 약간, 후춧가루 약간

1 양념장을 섞고,

2 냄비에 멸치다시마육수를 부어 끓이고,

3 양파는 채 썰고, 호박은 반달 썰고, 고추, 대파는 어슷 썰고, 쑥갓은 4cm 길이로 썰고,

4 어묵, 두부는 먹기 좋은 크기로 썰고, 유부는 도톰하게 채 썰고,

쿠킹 팁
어묵, 유부를 끓는 물에 데쳐서 쓰면 국물에 기름이 적게 떠서 깔끔해요.

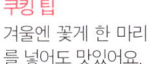

쿠킹 팁
겨울엔 꽃게 한 마리를 넣어도 맛있어요.

5 끓는 육수에 어묵, 유부를 넣고 끓이다가 두부, 양파, 호박을 넣고,

6 호박이 익으면 고추, 대파를 넣고 한소끔 더 끓여 쑥갓을 올려내요.

어묵마늘종볶음

저와 같은 도시락 세대라면 한 번쯤은 비슷한 경험이 있을 거예요.
오늘 반찬은 무얼까 기대하며 도시락 뚜껑을 열었는데 어묵마늘종볶음을 만났던 순간!
간장으로 심플하게 볶아도, 고추장으로 매콤하게 볶아도 밥반찬으로 딱이니
한때 국민 도시락반찬이라는 수식어가 괜히 붙은 게 아닌가 봐요.
어묵과 마늘종을 따로 먹지 말고 한입에 같이 먹으면서 서로 다른 식감의 조화를 느껴보세요.

4인분	어묵 
주재료	사각어묵 250g, 마늘종 150g, 홍고추 1개
부재료	식용유 1큰술
양념장	간장 2큰술, 다진 파 2큰술, 맛술 1큰술, 고추장 1큰술, 올리고당 1큰술, 고춧가루 1/2큰술, 다진 마늘 1작은술, 통깨 1작은술

1 양념장을 섞고,

2 어묵, 마늘종은 4cm 길이로 먹기 좋게 썰고, 홍고추는 송송 썰고,

쿠킹 팁
마늘종을 데치면 특유의 아린 맛도 덜하고 양념이 잘 배어요.

3 끓는 물에 마늘종을 살짝 데치고,

4 달군 팬에 식용유를 두르고 마늘종을 볶다가 어묵, 양념장, 홍고추를 넣어 볶아내요.

맛살채소전

버섯이나 맛살은 요리를 하고 나면 왜 조금씩 남는지 모르겠어요.
그러다 시간이 지나 결국 묵은 재료를 버리고 나서야 정신이 번쩍 들죠.
그래서 이제는 버섯이나 맛살이 남으면 바로바로 전을 부쳐 먹어요.
어느 날은 종종 다져서 고운 전을 부치고, 또 칼질하기 싫은 날은 손으로 쭉쭉 찢어서
부치기도 하죠. 밀가루 없이 달걀로만 버무리니까 맛살의 쫄깃함 속에 부드러운 맛이 살아 있어요.

2인분	맛살
주재료	크래미맛살 4개, 느타리버섯 100g, 홍고추 1개, 쪽파 2대, 달걀 1개
부재료	식용유 2큰술
반죽양념	참기름 1/2큰술, 다진 마늘 1작은술, 소금 1/2작은술, 후춧가루 약간

쿠킹 팁
느타리버섯은 밑동을 제거하고 가닥가닥 뜯어서 손질해요.

1 끓는 물에 느타리를 살짝 데친 뒤 물기를 꼭 짜고,

쿠킹 팁
홍고추는 길게 반 갈라 씨를 제거하고 다지면 깔끔해요.

2 데친 느타리, 맛살, 홍고추, 쪽파는 다지고,

3 볼에 다진 재료와 달걀, 반죽양념을 넣어 끈기가 생기도록 섞고,

4 달군 팬에 식용유를 두르고 약불에서 반죽을 한 수저씩 올려 노릇하게 지져내요.

맛살파강회

예전에는 손님초대상을 차릴 때 파강회가 빠지지 않던 시절이 있었어요.
데친 오징어를 싱그러운 쪽파로 돌돌 말아 상에 내면 고운 색감이 눈길을 사로잡았었죠.
이젠 음식점에서도 집에서도 만나기 힘든 파강회이지만, 쪽파 한 단을 사서
두루두루 쓰다가 남았을 때는 고민 없이 파강회를 만들어요.
오징어 대신 값도 싸고 맛도 좋은 맛살로 만들면 쪽파와도 잘 어울리고 색도 정말 예쁘답니다.

2인분		맛살
주재료	맛살 8개, 쪽파 16대	
초고추장	고추장 2큰술, 설탕 1큰술, 식초 1큰술, 물엿 1큰술, 다진 마늘 1작은술, 통깨 1작은술, 맛술 1작은술, 참기름 1작은술	

쿠킹 팁
끓는 물에 소금을 약간 넣고 데치세요.

1 초고추장을 섞고,

2 끓는 물에 쪽파를 살짝 데친 뒤 찬물에 헹궈 물기를 빼고,

쿠킹 팁
흰 부분을 맛살과 같이 잡고 돌돌 말아준 뒤 젓가락으로 쪽파 끝을 말린 쪽파 사이로 찔러 넣어주면 돼요.

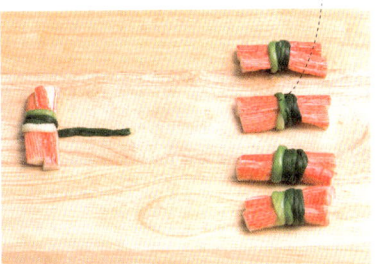

3 맛살을 2등분하고,

4 데친 쪽파로 맛살을 돌돌 말아 초고추장과 함께 곁들여내요.

맛살미역냉채

저는 여름철 밥상에는 식초로 맛을 낸 상큼한 반찬 한 가지를 꼭 올려내요.
더운 날씨 때문에 몸이 지쳤을 때, 새콤한 맛으로 입맛을 살려주면 기분까지 좋아지거든요.
그래서 만들기 쉬운 미역오이냉채를 자주 만들어요.
여기에 값싸고 맛있는 맛살을 추가하면 해산물을 넣은 듯 냉채의 풍미가 살아나는 데다
새콤달콤한 맛이 부드럽게 어우러져 입 안 가득 개운함을 선물해요.

2인분	맛살 
주재료	크래미맛살 4개, 건미역 20g, 무 80g, 오이 1/2개
무절임장	식초 1/2큰술, 설탕 1작은술, 소금 1/2작은술
냉채소스	식초 4큰술, 설탕 3큰술, 통깨 1/2큰술, 간장 1작은술, 다진 마늘 1/2작은술, 소금 약간

쿠킹 팁
미역을 데치지 않고 생으로 먹을 땐 10분 정도 불렸다가 여러 번 헹궈 물기를 꼭 짜주세요.

1 미역은 찬물에 담가 잠깐 불렸다가 끓는 물에 살짝 데쳐 물기를 꼭 짜고,

2 무는 채 썬 뒤 무절임장에 10분간 절였다가 꼭 짜고,

3 냉채소스를 섞고,

4 맛살은 먹기 좋은 크기로 썰고, 오이는 길게 반 갈라 어슷 썰고,

5 맛살, 미역, 무, 오이를 냉채소스에 버무려내요.

칠리크랩샌드위치

크루아상은 냄새만 맡아도 입에 침이 고일 만큼 버터의 풍미가 강렬한 빵이에요.
게다가 빵의 생김새도 특이해서 샌드위치에 사용하면 모양도 예쁘고 맛도 참 좋아요.
크루아상에는 다양한 샌드위치가 잘 어울리지만, 특히 맛살로 칠리크랩을 만들어
속을 채우면 톡 쏘는 매콤함이 빵의 고소함과 환상의 조화를 만들어내요.
선물용이나 소풍도시락으로 만들면 기분 좋은 칭찬을 들을 수 있답니다.

2인분	맛살 
주재료	크래미맛살 8개, 로메인(또는 상추) 4장, 적상추 2장, 빨간파프리카 1개, 슬라이스치즈 2장
칠리크랩양념	마요네즈 6큰술, 칠리소스 3큰술, 다진 양파 3큰술, 레몬즙 1/2큰술, 핫소스 1/2큰술, 후춧가루 약간
스프레드	마요네즈 2큰술, 씨겨자 1/2큰술

1 로메인, 적상추는 씻어 물기를 털고, 파프리카는 링 모양으로 썰고, 맛살은 결대로 찢고,

2 맛살에 칠리크랩양념을 넣고 버무려 칠리크랩을 만들고,

3 스프레드를 섞고,

4 크루아상에 칼집을 넣어 스프레드를 바르고,

5 크루아상에 상추-로메인-칠리크랩-파프리카-치즈 순으로 끼워내요.

맛살채소볶음

특별한 재료나 양념이 들어간 것도 아닌데 자꾸 젓가락이 가는 반찬이 있어요.
맛살채소볶음도 그런 반찬 중의 하나예요. 냉장고에 굴러다니는 자투리 채소랑 맛살을 볶아
소금으로 간했을 뿐인데, 재료가 가진 담백함이 달착지근하게 맛을 내요.
따뜻한 밥 한 숟가락에 맛살채소볶음 한 젓가락을 얹고,
마지막으로 김치 한 조각 얹어 한입에 먹으면 궁합이 딱 맞는다니까요.

2인분	
주재료	맛살 4개, 호박 1/2개, 양파 1/4개, 마늘 2쪽, 대파 1/4대
부재료	식용유 2큰술, 소금 1/2작은술, 후춧가루 약간, 통깨 1작은술, 참기름 약간

1 맛살은 어슷 썰고, 호박은 반달 썰고, 양파는 채 썰고, 마늘은 편 썰고, 대파는 송송 썰고,

2 달군 팬에 식용유를 두르고 마늘, 대파를 넣어 볶고,

3 호박, 양파를 넣어 볶고,

> **쿠킹 팁**
> 맛살은 오래 볶으면 모양이 흐트러지니 호박이 익은 다음에 넣어 살짝 볶아요.

4 맛살을 넣어 볶다가 소금, 후추로 간한 뒤 통깨, 참기름을 둘러내요.

콩나물맛살무침

뷔페에 가면 한 번씩은 꼭 가져다 먹게 되는 반찬이 해파리냉채예요.
오독오독한 해파리와 채소의 식감도 좋지만 쌉쌀하면서도 상큼한 양념이 입맛을 사로잡아요.
그래서 늘 먹던 심심한 콩나물무침을 해파리냉채의 양념으로 조리해봤어요.
해파리 대신 콩나물이 오독한 식감을 살리고, 맛살이 알싸한 양념맛에 향을 보태고,
오이와 당근이 아삭함을 책임지니까 삼박자가 잘 맞는 반찬이 된답니다.

2인분	
주재료	크래미맛살 4개, 콩나물 250g, 오이 1/2개, 당근 1/4개
부재료	참기름 1작은술
양념장	설탕 1큰술, 식초 1큰술, 통깨 1큰술, 다진 파 1큰술, 연겨자 1/2작은술, 소금 1/2작은술

맛살

쿠킹 팁
데친 콩나물을 냉장실에 넣어 두면 수분이 빠지고 차가워져서 냉채요리에 좋아요.

1 끓는 물에 콩나물을 데친 뒤 체에 밭쳐 냉장실에서 차게 식히고,

2 오이, 당근은 5cm 길이로 채 썰고, 맛살은 결대로 찢고,

3 양념장을 섞고,

4 콩나물, 맛살, 오이, 당근에 양념장을 넣고 살살 버무린 뒤 참기름을 넣고 한 번 더 버무려내요.

. . . .

싱크대 한편에 쌓여 있는 참치, 연어, 꽁치, 고등어, 옥수수, 햄, 골뱅이, 닭가슴살통조림.
이제 통조림으로 요리하면 불량엄마가 된 것 같은 미안함은 버려도 좋아요. 우리 선조들도 건강한 식재료를 오래 두고 맛있게 먹기 위해 짜디짠 염장 등의 저장법으로 보관했었잖아요. 현대적이고 똑똑한 저장법으로 다양하게 출시된 통조림도 국물을 버리고 건더기를 데치는 방법으로 깔끔하고 맛있게 요리할 수 있답니다. 이제 냉장고가 텅텅 빈 날도 반찬 걱정 없어요.

Part 3.

통조림이 요리의 주인공이 되는
15분 레시피

참치 연어

꽁치 고등어

통조림햄 옥수수

골뱅이 닭가슴살

튜나멜트샌드위치

참치와 마요네즈가 찰떡궁합인 건 잘 아시죠? 마요네즈의 크리미한 풍미는
참치의 어렴풋한 비린 맛도 싹 없애주고 고소함은 풍성하게 살아나게 해주죠.
그래서 참치샐러드를 만들어두면 아이들이 크래커 위에 얹어 카나페로 먹기도 하고,
식빵에 발라 샌드위치로 즐기기도 해요. 여기에 한 가지 더!
피자치즈를 얹어 흐를 정도로만 살짝 녹여주면 커피와 잘 어울리는 핫샌드위치가 된답니다.

2인분	
주재료	참치통조림(소) 1캔, 양파 1/4개, 셀러리 1/2대, 케이퍼 1작은술, 토마토 1개, 잡곡식빵 2장, 피자치즈 1컵
양념	마요네즈 5큰술, 파슬리가루 1/2작은술, 소금 약간, 후춧가루 약간

1 참치는 체에 밭쳐 기름을 빼고,

2 양파, 셀러리, 케이퍼는 다지고, 토마토는 링 모양으로 썰고,

3 참치, 양파, 셀러리, 케이퍼에 양념을 넣어 버무리고,

쿠킹 팁
피자치즈대신 에멘탈치즈를 써도 좋아요. 오븐이 없을 땐 전자레인지에 넣고 가열하세요.

4 식빵에 참치샐러드를 올리고 토마토, 치즈를 얹은 뒤 200℃의 오븐에서 치즈가 녹을 만큼 5분 정도 구워내요.

참치김치죽

몸이 아픈 날에는 밥 대신 따뜻한 죽 한 그릇이 간절할 때가 있어요.
그럴 땐 냉장고에서 배추김치를 꺼내고 찬장에서 참치통조림을 꺼내
밥이랑 섞어서 훌훌 끓여요. 특별한 재료가 없어도 김치가 칼칼한 맛을,
참치가 고소한 맛을 내주니까 사먹는 것보다 든든하고 맛있게 먹을 수 있어요.
김가루를 듬뿍 뿌려야 맛있으니 취향에 따라 한 그릇 뚝딱 비우시고 얼른 기운 차려볼까요?

2인분   참치통조림

주재료	참치통조림(소) 1캔, 김치 1컵, 밥 1+1/2공기, 멸치다시마육수 3컵
부재료	찹쌀가루 2큰술, 참치액 1작은술, 소금 약간, 깨소금 1작은술

1 참치통조림은 체에 밭쳐 기름을 빼고, 김치는 소를 털어내 채 썰고,

2 냄비에 따뜻한 밥, 찹쌀가루를 넣고 멸치다시마육수(1/2컵)를 부어 끓이고,

> **쿠킹 팁**
> 콩나물을 넣고 끓이면 국물이 훨씬 시원해요.

3 김치, 남은 멸치다시마육수(2+1/2컵), 참치액을 넣어 강불에서 끓이고,

4 참치를 넣고 팔팔 끓여 소금으로 간한 뒤 깨소금을 뿌려내요.

참치연근전

참치는 찌개나 비빔밥, 샌드위치에 넣어도 맛있는 데다 먹고 나면 속이 참 든든해요.
또 다진 채소와 달걀 등을 넣고 전을 부쳐도 맛있으니 만능식재료가 따로 없어요.
참치전을 만들 때 이왕이면 아이들이 잘 먹지 않는 재료도 섞어볼까 하다가
연근을 곱게 갈아 넣어봤어요. 그런데 웬걸요. 부드러우면서도 찰진 맛이 추가되어
전이 훨씬 더 맛있어졌어요. 집에 연근과 참치가 있을 때 꼭 만들어보세요.

2인분	참치통조림
주재료	참치통조림 1캔, 연근 250g, 부추 20g, 양파 1/4개, 당근 1/5개, 대파 1/2개
부재료	식용유 적당량
반죽양념	달걀 2개, 녹말가루 2큰술, 생강즙 1/2작은술, 다진 마늘 1작은술, 소금 1/2작은술, 후춧가루 약간

1 연근은 껍질 벗겨 강판에 갈고,

2 참치는 체에 밭쳐 기름을 빼고, 부추, 양파, 당근, 대파는 곱게 다지고,

3 볼에 연근, 참치, 다진 채소를 넣고 달걀, 녹말가루, 생강즙, 다진 마늘, 소금, 후추를 넣어 반죽하고,

4 달군 팬에 식용유를 두르고 반죽을 한 수저씩 올린 뒤 노릇하게 지져내요.

캠핑찌개

캠핑찌개는 말 그대로 캠핑 갔을 때 남은 재료를 모두 썰어 넣은 다음 고추장 훌훌 풀어 끓인 칼칼한 섞어찌개예요. 냉장고와 찬장에 있는 어떤 재료를 사용하셔도 좋아요. 특히 참치통조림과 통조림햄을 넣으면 진한 맛이 국물에 쏙, 건더기에도 쏙쏙 배어 먹을수록 자꾸만 끌려요. 집에서 먹을 때도 캠핑 기분을 낼 수 있도록 버너에 올려 끓여 드시고요, 마지막에 남은 국물에 라면이나 우동을 꼭 넣어 드시길 강력 추천합니다!

4인분	참치통조림
주재료	참치통조림 1캔, 통조림햄 1/2캔, 감자 1개, 호박 1/4개, 양파 1/4개, 청양고추 2개, 대파 1/2대
부재료	식용유 1작은술, 물 3컵
양념장	고추장 3큰술, 고춧가루 1/2큰술, 다진 마늘 1/2큰술, 국간장 1작은술, 참치액 1작은술, 후춧가루 약간

1 양념장을 섞고,

2 참치는 기름을 따라내고, 햄은 먹기 좋게 썰고,

3 감자는 껍질 벗겨 호박, 양파와 함께 도톰하게 썰고, 청양고추, 대파는 어슷 썰고,

4 달군 냄비에 식용유를 두르고 감자와 양념장을 넣고 볶다가 물을 넣어 끓이고,

5 감자가 반쯤 익으면 참치, 햄, 호박, 양파를 넣어 끓이고,

6 호박이 익으면 청양고추, 대파를 넣어 한소끔 더 끓여내요.

참치채소비빔밥

자, 오늘 냉장실 좀 탈탈 털어볼까요? 샐러드채소, 쌈채소, 당근, 사과 등
조리하지 않고 날것으로 먹을 수 있는 채소와 어울리는 과일을 한데 모아보세요.
그리고 숟가락에 모든 채소가 골고루 오를 수 있도록 같은 크기로 채 썰어주세요.
마지막으로 따뜻한 밥에 기름 뺀 참치와 채소를 얹고 잘 만든 초고추장을 곁들여
쓱싹쓱싹 비벼주면, 회덮밥 부럽지 않은 참치비빔밥이 스피디하게 완성됩니다.

2인분	
주재료	참치통조림 1캔, 어린잎채소 1컵, 깻잎 4장, 당근 1/4개, 사과 1/4개, 밥 2공기
초고추장	고추장 2큰술, 식초 1큰술, 올리고당 1큰술, 설탕 1/2큰술, 다진 마늘 1작은술, 맛술 1작은술, 참기름 1작은술, 통깨 1작은술

참치통조림

쿠킹 팁
시판초고추장을 사용해도 좋아요.

1 초고추장을 섞고,

2 참치는 체에 밭쳐 기름을 빼고,

3 어린잎채소는 찬물에 헹궈 물기를 빼고, 깻잎, 당근, 사과는 짧게 채 썰고,

4 따뜻한 밥 위에 모든 재료를 돌려 담고 초고추장을 곁들여내요.

참치김치주먹밥

편의점에 가면 김치참치주먹밥이라는 매콤한 삼각김밥이 있어요.
제가 권해드릴 주먹밥에도 김치와 참치가 들어갔지만 김치를 물에 헹궈서 매콤함을 덜어냈어요.
매운맛 대신 새콤함과 아삭함을 채우고 깔끔하고 개운한 맛으로 마무리!
이 메뉴는 김치가 매워서 잘 먹지 않는 아이들의 입맛까지 사로잡을 만큼 매력적이에요.
한입 크기로 빚어 식탁 위에 두면 아이들이 알아서 척척 잘 먹을 거예요.

2인분

주재료	참치통조림 1캔, 김치 1/2컵, 밥 2공기
김치참치양념	마요네즈 3+1/2큰술, 설탕 1작은술, 후춧가루 약간
밥양념	조미김가루 1컵, 다진 단무지 1/3컵, 참기름 1/2작은술, 소금 약간

1 참치는 체에 받쳐 기름을 빼고,

2 김치는 물에 헹궈 꼭 짜서 곱게 다진 뒤 참치와 김치참치양념을 넣어 버무리고,

3 따뜻한 밥에 밥양념을 섞고,

4 밥을 4등분 해 가운데 김치참치무침을 넣고 주먹밥을 뭉쳐내요.

참치마카로니그라탱

마카로니로 요리를 하면 숟가락으로 푹푹 떠먹을 수 있어서 참 편해요.
또 파스타보다 식감이 쫀득쫀득해 씹을수록 더 고소하지요.
자주 해먹던 마카로니샐러드는 잠시 접어두고 오늘은 치즈를 듬뿍 넣은 그라탱을 만들어봐요.
마카로니에 채소, 참치, 새우를 넣고 부드러운 화이트소스로 버무려 치즈로 마무리해주면,
마지막까지 촉촉한 패밀리레스토랑풍 간식이 완성됩니다.

2인분	참치통조림
주재료	참치통조림 1캔, 마카로니 50g, 양파 1/2개, 냉동새우(중하) 6마리, 양송이버섯 4개, 피자치즈 1/2컵
부재료	우유 1/4컵, 버터 1큰술, 화이트와인 1큰술, 파르메산치즈가루 약간
화이트소스	버터 2큰술, 밀가루 2큰술, 우유 1컵, 소금 1/2작은술, 후춧가루 약간

쿠킹 팁 물 5컵에 소금 1작은술을 넣고 봉지에 표기된 시간만큼 삶아요.

1 끓는 물에 마카로니를 삶아 물기를 뺀 뒤 부재료의 우유에 버무리고,

2 참치는 기름을 따라내고, 양파는 채 썰고, 새우는 3등분하고, 양송이는 모양 살려 얇게 썰고,

쿠킹 팁 간편하게 시판크림파스타소스나 크림수프를 사용해도 좋아요.

3 달군 팬에 화이트소스의 버터를 녹여 밀가루를 볶다가 우유, 소금, 후추를 넣고 저어가며 화이트소스를 만들고,

4 달군 팬에 부재료의 버터를 녹여 양파, 양송이를 볶다가 새우, 참치, 화이트와인을 넣어 살짝 볶고,

5 볶은 재료에 화이트소스, 마카로니를 넣어 섞고,

쿠킹 팁 내열용기에 올리브유를 미리 발라두면 그릇에 달라붙지 않아요.

6 내열용기에 그라탱을 담고 피자치즈, 파르메산치즈가루를 올린 뒤 200℃로 예열된 오븐에서 10분 정도 구워내요.

참치케사디야

짐은 챙기시지 않으셔도 돼요. 참치캔과 토르티야, 그 외 몇 가지만 준비하세요.
지금부터 잠시 멕시코로 여행을 떠날 거거든요. 멕시코 전통요리 케사디야를 먹으면서요.
준비한 참치와 채소를 볶다가 토마토소스를 넣고 졸여 진한 맛을 끌어내주세요.
이제 토르티야 위에 볶은 재료와 피자치즈를 올린 다음 반 딱 접어 구워주면
멕시코와 한국이 만난 퓨전 케사디야가 간편하게 완성돼요. 한입 물면 채소의 단맛이 퍼지고
하나 다 먹고 나면 기분 좋게 배부르답니다.

2인분  참치통조림

주재료 참치통조림 1캔, 옥수수통조림 4큰술, 양파 1/4개, 양송이버섯 3개, 홍피망 1/4개, 청피망 1/4개, 토마토파스타소스 2/3컵, 토르티야 2장, 피자치즈 1컵

부재료 올리브유 1큰술, 다진 마늘 1작은술

1 참치는 기름을 따라내고, 옥수수는 국물을 따라내고,

2 양파, 양송이, 피망은 도톰하게 다지고,

3 달군 팬에 올리브유를 두르고 다진 마늘을 볶다가 양파, 양송이, 피망을 넣어 볶고,

4 토마토파스타소스와 옥수수를 넣어 살짝 졸이고,

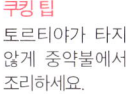

쿠킹 팁
토르티야가 타지 않게 중약불에서 조리하세요.

5 마른 팬에 토르티야를 올린 뒤 볶은 재료를 토르티야의 절반에만 올리고,

쿠킹 팁
사워크림과 함께 먹으면 더욱 맛있어요.

6 피자치즈를 뿌려 반으로 접은 뒤 치즈가 녹을 만큼만 구워내요.

참치리소토

이탈리아의 쌀요리 리소토는 본래 생쌀에 육수를 조금씩 부어가며 볶아서 만들기 때문에
조리시간이 꽤 긴 요리예요. 하지만 쌀 대신 밥을 넣고 만들면 시간은 단축되고
촉촉하고 부드러운 식감은 그대로 느낄 수 있어요.
리소토에 토마토파스타소스와 참치를 넣으면 고기나 해물을 넣지 않아도 충분히 진하고
밥알 하나하나에 풍미가 깊게 배여 입에서 사르르 녹아요.

2인분	참치통조림
주재료	참치통조림 2캔, 호박 1/2개, 베이컨 3장, 양파 1/2개, 셀러리 1/2대, 밥 1+1/2공기, 토마토파스타소스 1컵, 치킨스톡 1개
부재료	올리브유 2큰술, 물 1~1+1/2컵, 파르메산치즈가루 2큰술, 소금 약간, 후춧가루 약간, 파슬리가루 약간

1 호박, 베이컨, 양파, 셀러리는 도톰하게 다지고, 참치는 기름을 따라내고,

2 달군 팬에 올리브유를 두르고 호박, 양파, 셀러리, 베이컨을 볶고,

3 밥을 넣어 살짝 볶고,

4 토마토파스타소스, 치킨스톡을 넣고 물을 1/4컵씩 여러 번 부어 저어가며 익히고,

5 밥이 살짝 퍼지면 참치, 파르메산치즈가루를 넣고 한 번 더 끓여 소금, 후추로 간해 파슬리가루를 뿌려내요.

참치강된장

저는 여름에 입맛이 뚝 떨어지면 강된장을 해먹어요. 밥맛이 없을 때는
오히려 특별한 요리나 화려한 별미보다 구수하게 끓인 강된장에 쌈채소를 곁들인
시골밥상이 훨씬 당기더라고요. 좀 더 찰지고 씹을 거리 있는 강된장이 먹고 싶을 때는
참치통조림을 하나 뜯어요. 냉장고에 있는 자투리 채소를 잘게 썰어 넣고 된장이랑 함께
자박자박 끓여내면 아이들도 덩달아 잘 먹죠. 그걸 보면 달아난 제 입맛도 제자리로 돌아온답니다.

2인분  참치통조림

주재료	참치통조림 1캔, 감자 1개, 표고버섯 2개, 양파 1/4개, 대파 1/4대, 청양고추 1/2개, 홍고추 1개, 멸치다시마육수 1컵
부재료	참기름 1큰술, 다진 마늘 1작은술, 된장 3큰술, 고추장 1큰술, 고춧가루 1작은술, 생강즙 1/2작은술

1 참치는 체에 밭쳐 기름을 빼고, 감자는 껍질 벗겨 1/2개만 강판에 갈고.

2 표고, 양파, 나머지 감자 1/2개, 대파는 다지고, 고추는 송송 썰고.

3 달군 뚝배기에 참기름을 두르고 다진 파와 마늘을 볶다가 참치, 표고, 양파, 다진 감자를 넣어 볶고.

4 된장, 고추장, 고춧가루, 생강즙을 넣어 볶다가 멸치다시마육수를 부어 끓이고.

5 감자 간 것을 넣고 중불에서 5분간 더 끓인 뒤 고추를 넣고 살짝 끓여내요.

참치카레밥

색도 곱고 향긋하고 만들기도 쉬운 밥요리인데요. 많은 분들께 알려지지 않은 것 같아
소개해드려요. 카레와 참치, 각종 채소를 넣고 지은 카레영양밥이에요.
밥을 지을 때 밥물에 카레가루를 풀고 기름 뺀 참치와 물이 적게 나오는
뿌리채소 등을 넣고 밥을 하면 카레향이 솔솔 나면서 감칠맛 나는 밥요리가 완성돼요.
밥에 간이 되어 있어 양념장 없이 김치만 있어도 맛있게 드실 수 있어요.

4인분	
주재료	참치통조림(소) 1캔, 쌀 2컵, 고구마(소) 1개, 당근 1/4개, 완두콩 1/4컵, 다시마(5×5cm) 1장, 물 2+1/3컵
양념	카레가루 1큰술, 치킨스톡 1개, 소금 2/3작은술, 후춧가루 약간

> **쿠킹 팁**
> 시간이 넉넉할 땐 쌀을 씻어서 체에 받쳐 30분 정도 불려주세요.

1 쌀을 씻어 미지근한 물에 10분간 불렸다 체에 받치고,

2 고구마, 당근은 완두콩 크기로 깍둑 썰고, 참치는 체에 받쳐 기름을 빼고,

3 냄비에 불린 쌀, 고구마, 당근, 완두콩, 참치, 다시마를 넣고,

>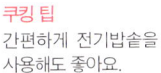
> **쿠킹 팁**
> 간편하게 전기밥솥을 사용해도 좋아요.

4 물에 양념을 섞어 냄비에 붓고 뚜껑을 닫아 끓으면 중약불에서 10분간 더 끓인 뒤 불을 끄고 5분간 뜸 들여내요.

연어토스트

저녁을 단출하게 먹은 날이면 남편과 아이가 출출하다며 어김없이 야식을 원해요.
그럴 땐 저도 간편하게 만들 수 있고 가족들도 가볍게 먹을 만한 메뉴를 고르는데요.
연어토스트야말로 두 가지 조건을 충족시키면서 온 가족 모두를 만족시킬 만한 간식이에요.
너무 가볍지도 않고 너무 무겁지도 않게 출출함을 달래주고,
맛도 영양도 좋으니 일석이조, 게다가 엄마의 설거지도 적게 나오니 일석삼조 맞죠?

2인분	연어통조림
주재료	연어통조림 1캔, 양배추 2장, 식빵 2장, 토마토파스타소스 3큰술, 슬라이스치즈 2장, 케이퍼 약간
부재료	파슬리가루 약간

1 연어는 체에 밭쳐 기름을 빼고,

2 양배추는 곱게 채 썰고,

3 식빵 위에 토마토파스타소스를 발라 양배추를 펼쳐 올리고,

4 슬라이스치즈, 연어를 올린 뒤 220℃의 오븐에서 7~8분간 구워 케이퍼, 파슬리가루를 뿌려내요.

연어주먹밥구이

따뜻한 밥을 고소하게 양념해서 속재료를 푸짐하게 채운 주먹밥은
다른 반찬이 없어도 맛있게 먹을 수 있고 양이 꽤 알차 한 끼 식사로도 편리하죠.
잘 만든 주먹밥을 팬에 구우면 또 얼마나 맛있다고요.
데리야키소스를 발라가며 팬에 지글지글 구워내면, 겉은 바삭한 누룽지 같고 속은 촉촉해
두 가지 맛을 동시에 느낄 수 있어요.

2인분	
주재료	연어통조림 1캔, 밥 2공기, 후리가케 1봉지
부재료	식용유 1큰술
데리야키소스	설탕 1큰술, 간장 1큰술, 맛술 1큰술

연어통조림

1 연어는 체에 밭쳐 기름을 빼고,

2 데리야키소스를 섞어 전자레인지에서 15초간 가열하고,

3 밥과 연어, 후리가케를 잘 섞고

4 밥을 4등분 해 삼각주먹밥 모양으로 잘 뭉치고,

쿠킹 팁
주먹밥틀을 이용하면 편리해요.

5 달군 팬에 식용유를 두르고 주먹밥에 데리야키소스를 앞뒤로 발라가며 중약불에서 노릇하게 구워내요.

연어감자전

비 오는 날이면 생각나는 음식이 한두 가지가 아닌 건 단지 저뿐일까요?
특히 감자전이 익어가는 고소한 냄새는 포기할 수 없으니 재빨리 만들어봐요.
그래도 평범한 감자전은 자주 먹었으니까 연어통조림을 넣어 단백질을 보충해줄게요.
당근으로 색감도 살려주고, 비법재료 깻잎을 넣어 향까지 잡아주면
어디서도 볼 수 없던 특별한 감자전이 탄생하죠.
쫀득쫀득 탄력 있게 씹히는 감자전, 바로 이 맛이에요.

2인분

연어통조림

주재료	연어통조림 1캔, 감자 2개, 당근 1/5개, 깻잎 8장
부재료	소금 1/2작은술, 식용유 약간

쿠킹 팁
몇 분 뒤 감자와 수분이 분리되면 가라앉은 감자만 사용하세요.

1 감자는 껍질을 벗기고 강판에 갈아 잠시 그대로 두고,

2 연어는 체에 밭쳐 기름을 빼고, 당근은 다지고, 깻잎은 곱게 채 썰고,

3 갈아둔 감자의 윗물을 가만히 따라낸 뒤 가라앉은 감자에 연어, 당근, 깻잎, 소금을 섞고,

4 달군 팬에 식용유를 두르고, 반죽을 한 수저씩 올려 노릇하게 지져내요.

깨소스연어샐러드

연어샐러드를 훈제연어나 생연어로만 만들어 드셨다면, 저렴한 연어통조림으로 차려내는
괜찮은 샐러드를 알려드릴게요. 연어는 좀 크리미한 소스랑 잘 어울리니까
검은깨도 크게 한 술, 마요네즈도 크게 두 술, 레몬즙이랑 꿀로 새콤달콤한 맛도
첨가해주세요. 아, 다진 양파로 신선함을 살리는 것도 잊지 마시고요.
샐러드채소에 연어살을 툭툭 무심하게 던져두고 소스도 자연스럽게 얹어주면
산뜻하고 고소한 샐러드 한 접시가 시크하게 마무리됩니다.

2인분	연어통조림
주재료	연어통조림 1캔, 양파 1/4개, 샐러드채소 2컵
깨소스	다진 양파 3큰술, 마요네즈 2큰술, 검은깨 1큰술, 레몬즙 1큰술, 꿀 1큰술, 소금 1/2작은술

쿠킹 팁
미리 갈아 냉장고에 차갑게 두면 더 맛있어요.

1 깨소스는 믹서에 곱게 갈고,

2 연어는 체에 밭쳐 기름을 빼고,

3 양파는 곱게 채 썬 뒤 샐러드채소와 함께 얼음물에 담갔다 물기를 빼고,

4 접시에 양파, 샐러드채소, 연어를 담고 깨소스를 뿌려내요.

구운연어덮밥

연어통조림살에 밀가루 살짝 얹어 보슬보슬 볶아주면 연어의 수분이 사라지면서
고소한 맛이 살아나요. 또 자칫 느끼할 수 있는 비릿함도 깔끔하게 정돈되지요.
더 맛있어진 연어살로 덮밥을 만들 건데요, 연어의 짝꿍 두 명도 함께 데려올 거예요.
바로 사각사각 상큼함을 더해줄 양파채와 달콤하고 짭짤해서 입에 짝짝 붙는 데리야키소스!
따뜻한 밥 위에 연어와 양파를 얹고 소스를 듬뿍, 가쓰오부시를 솔솔 뿌리면 덮밥집 부럽지 않아요.

2인분		연어통조림
주재료	연어통조림 1캔, 양파 1/2개, 쪽파 2대, 밥 2공기, 가쓰오부시 1/2컵	
부재료	밀가루 1작은술, 맛술 1큰술, 마요네즈 약간	
간장소스	간장 2큰술, 맛술 2큰술, 청주 1큰술, 후춧가루 약간	

1 냄비에 간장소스를 담아 끓으면 약불로 2분 정도 졸여 살짝 걸쭉한 소스를 만들고,

2 양파는 채 썰어 찬물에 담갔다 물기를 빼고, 쪽파는 송송 썰고,

3 연어는 체에 밭쳐 기름을 빼고,

4 마른 팬에 연어를 넣고 밀가루, 맛술을 넣어 살짝 볶고,

쿠킹 팁 소스는 밥과 함께 비벼 먹을 수 있도록 흠뻑 뿌려주세요.

5 따뜻한 밥 위에 양파채, 구운 연어를 올린 뒤 소스, 가쓰오부시, 마요네즈, 쪽파를 얹어내요

꽁치감자조림

갑자기 생선조림이 먹고 싶은데 장을 보러 가기가 어려울 때는 꽁치통조림 하나를 열어요.
생선과 어울리는 양파랑 감자도 먹기 좋게 썰어서 냄비에 깔고,
그 위에 꽁치를 얹어 매콤하고 짭조름한 양념을 넣고 바글바글 조려요.
입맛을 다시며 '빨리 끓어라' 주문을 외우는 사이에 우와, 벌써 조림이 완성되었네요.
감자만 익으면 먹어도 되고 꽁치에 양념도 잘 배어드니까 요리하기가 정말 편해요.

4인분	
주재료	꽁치통조림 1캔, 감자 2개, 양파 1/4개, 대파 1대, 청양고추 2개, 물 1+1/2컵
양념장	간장 4큰술, 맛술 2큰술, 고춧가루 1+1/2큰술, 설탕 1작은술, 생강즙 1/2작은술

꽁치통조림

1 감자는 껍질을 벗겨 도톰하게 썰고, 양파는 채 썰고, 대파, 청양고추는 어슷 썰고,

2 양념장을 섞고, 꽁치는 국물을 따라내고,

3 냄비에 양파채, 감자, 꽁치 순으로 얹고 양념장을 올린 뒤 물을 부어 끓이고,

4 감자가 익으면 대파, 고추를 넣고 한소끔 더 끓여내요.

꽁치김치찌개

꽁치통조림으로 가장 만만하게 만들 수 있는 요리라면 단연코 꽁치김치찌개가 아닐까요?
잘 익은 김치와 꽁치통조림 하나만 있으면 요리의 시작이자 끝이니까요.
돼지고기나 참치를 넣은 김치찌개와는 다르게 생선만의 묵직하고 풍부한 맛을 내면서
비린내 없이 깔끔하게 완성되니까 자주 만들어 먹게 돼요.
여기에 고추장 한 숟가락 넣고 팔팔 끓이면 후회 없는 한 끼 식사가 될 거예요.

꽁치통조림

2인분	
주재료	꽁치통조림 1캔, 김치 1컵, 두부 1/2모, 풋고추 1개, 홍고추 1개, 대파 1/2대, 팽이버섯 1/2봉, 다시마육수 2+1/2컵, 김칫국물 5큰술
부재료	참기름 1작은술, 고추장 1큰술, 다진 마늘 1큰술

1 꽁치는 국물을 따라내고,

2 김치, 두부는 한입 크기로 썰고, 고추, 대파는 어슷 썰고, 팽이는 밑동을 제거하고,

3 냄비에 참기름을 두르고 김치를 볶고,

4 다시마육수, 김칫국물을 붓고 팔팔 끓이고,

5 꽁치, 고추장, 다진 마늘을 넣고 끓으면 중불에서 10분간 끓이고,

6 두부를 넣고 끓이다가 고추, 대파, 팽이를 넣고 한소끔 더 끓여내요.

꽁치육개장

경상도에는 미꾸라지를 대신해 싱싱한 고등어로 끓이는 고등어추어탕이 있어요.
진하고 든든한 그 맛이 가끔 생각나거나 원기를 보충해야 할 때면 삶은 나물과 대파를
듬뿍 넣어 육개장처럼 끓여 먹곤 하죠. 생물고등어는 집에 늘 있는 게 아니니까
대부분 우리 집 비상식료품 꽁치통조림으로 고등어를 대신해요. 그리고 냉동실의 삶은 나물을 넣어
초간단 버전으로 뚝딱 만드는데요. 정말 맛있어서 밥도 말아 먹고 소면도 넣어 먹다 보면
냄비가 금세 바닥을 보인다니까요.

4인분

꽁치통조림

주재료	꽁치통조림 2캔, 숙주 100g, 삶은 시래기 200g, 삶은 고사리 100g, 양파 1/2개, 대파 1대, 청양고추 3개, 다시마육수 8컵
부재료	고춧가루 1큰술, 멸치액젓 1~2큰술
양념	고춧가루 4큰술, 된장 3큰술, 다진 마늘 2큰술, 들기름 1큰술, 다진 생강 1/2작은술

쿠킹 팁
삶은 나물은 불순물을 제거하기 위해 한 번 더 데쳐요. 바쁠 땐 물에 깨끗이 헹구기만 해서 쓰세요.

1 숙주는 끓는 물에 데치고, 삶은 시래기, 삶은 고사리도 데쳐 찬물에 헹군 뒤 먹기 좋은 크기로 썰고,

2 꽁치는 국물을 따라내고,

3 양파는 채 썰고, 대파는 4cm 길이로 썰고, 청양고추는 다지고,

쿠킹 팁
손에 위생장갑을 끼고 주무르면 재료에 양념이 잘 배고 꽁치도 잘 으깨져요.

4 냄비에 데친 나물과 꽁치, 양념을 넣고 꽁치를 손으로 으깨어가며 버무리고,

쿠킹 팁
산초가루를 곁들이면 더 맛있어요. 멸치액젓으로 간을 맞춰주세요.

5 양념한 재료에 다시마육수를 붓고 끓이다가 고춧가루, 멸치액젓, 대파, 양파, 고추를 넣고 한소끔 더 끓여내요.

꽁치완자

꽁치는 DHA와 단백질이 풍부해서 아이들 성장기에 좋은 식품이에요.
그래서 저는 뼈까지 부드럽게 먹을 수 있는 꽁치통조림을 으깨어 완자를 만들어요.
꽁치완자를 만들 때 빼놓지 않고 꼭 넣는 재료가 두 가지 있는데요,
바로 고추와 깻잎이에요. 고추의 매콤맛과 아삭한 식감, 그리고 깻잎의 진한 향긋함이
꽁치에 남아 있는 마지막 잡냄새까지 확실하게 잡아주거든요.

꽁치통조림

2인분	
주재료	꽁치통조림 1캔, 풋고추 2개, 홍고추 1개, 깻잎 2장, 두부 1/4모, 달걀 1개
부재료	식용유 약간
반죽양념	부침가루 4큰술, 카레가루 1큰술, 다진 파 1큰술, 다진 마늘 1작은술, 소금 1/2작은술, 참기름 1/2작은술, 후춧가루 약간

쿠킹 팁 두부를 무거운 것으로 누르거나 전자레인지에 3~4분 정도 가열해 물기를 빼주세요.

1 고추, 깻잎은 곱게 다지고, 두부는 물기를 빼 칼등으로 으깨고,

쿠킹 팁 위생장갑을 끼고 손으로 주물러 으깨면 편해요.

2 꽁치는 국물을 따라낸 뒤 으깨고,

3 꽁치, 다진 채소, 두부에 반죽양념과 달걀을 넣어 치대고,

4 달군 팬에 식용유를 두르고 반죽을 한 수저씩 얹어 중불에서 노릇하게 지져내요.

고등어엿장조림

고등어엿장조림은 보통 생물고등어를 한 번 구운 뒤에 양념에 조려서 만들어요.
하지만 고등어통조림으로 만들면 굽지 않고 바로 조려도 되니 요리가 훨씬 수월해지죠.
저만의 팁은 짭짤하고 달콤한 조림장에 설탕을 덜어내고 유자청을 넣는 건데요,
유자청이 고등어의 비린내도 없애주고 설탕 대신 단맛도 내줘요.
또 먹을 때마다 향기로운 유자향 덕분에 기분까지 좋아진답니다.

4인분 고등어통조림

주재료	고등어통조림 1캔, 꽈리고추 12개, 홍고추 1개, 생강 약간
부재료	식용유 1큰술
조림장	간장 4큰술, 맛술 4큰술, 물 4큰술, 유자청 1+1/2큰술, 청주 1큰술

1 고등어는 국물을 따라내고,

2 꽈리고추는 포크로 찔러 구멍을 내고, 생강은 편 썰고, 홍고추는 어슷썰고,

3 팬에 조림장, 생강을 넣고 바글바글 끓인 뒤 고등어를 넣어 양념을 끼얹으며 조리고,

4 꽈리고추를 넣고 조리다 고추가 익으면 홍고추, 식용유를 넣고 조려내요.

고등어쌈장

배우 송일국 씨와 삼둥이가 반했다는 꽁치쌈장, 우리는 꽁치 대신 고등어로 만들어봐요.
고등어살에 한국식 양념으로 맛을 내고 쌈장을 볶듯이 졸이다 보면
어느새 온 집안에 구수한 냄새가 진동할 거예요. 그러면 더 이상 배고픔을 참지 말고 쌈장을 불에서
내려 주세요. 그리고 하얀 쌀밥에 쌈장을 얹거나 비벼서 아니면 상추쌈을 싸서 한입 크게 드세요.
다이어트 중이시라면 송일국 씨처럼 쌀밥 대신 두부를 넣은 쌈을 드시면 좋겠죠?

4인분	
주재료	고등어통조림 1캔, 양파 1/2개, 대파 1/2개, 청양고추 2개, 홍고추 1개, 멸치다시마육수 1/4컵
양념장	고춧가루 2큰술, 맛술 2큰술, 된장 1큰술, 고추장 1큰술, 다진 마늘 1큰술, 다진 생강 1/4작은술, 참기름 1큰술, 후춧가루 약간

고등어통조림

1 양념장을 섞고,

2 양파, 대파, 고추는 곱게 다지고,

쿠킹 팁
위생장갑을 끼고 손으로
주물러 으깨면 편해요.

3 고등어는 국물을 따라낸 뒤 으깨고,

4 냄비에 고등어와 양념장을 넣어 볶고,

5 다진 대파, 양파를 넣어 볶다가
  멸치다시마육수를 넣어 졸인 뒤
  다진 고추를 넣고 한 번 더 끓여내요.

고등어김치말이찜

잘 익은 김치는 어떤 재료와 함께 요리해도 맛있는 우리네 귀한 반찬이죠.
옛날에 엄마가 그랬듯이 배춧잎이 너무 크면 손으로 김치를 길게 찢거나
작은 배춧잎이라면 한 장을 통째로 뜯어놓으세요. 김치에 고등어를 돌돌 말아 멸치육수에
푹 졸여주면 모양도 예쁘고 맛도 좋은 고등어김치찜을 만들 수 있답니다.
양념에 된장을 넣고 졸여서 익숙하면서도 깊고 구수한 맛을 잊을 수 없을 거예요.

4인분	
주재료	고등어통조림 1캔, 김치 1/4포기, 양파 1/2개, 대파 1대, 멸치다시마육수 2컵
양념장	고춧가루 1큰술, 된장 1큰술, 다진 마늘 1큰술, 맛술 1큰술, 황설탕 2작은술, 다진 생강 1/2작은술

고등어통조림

1 양념장을 섞고,

2 고등어는 국물을 따라내고,

3 양파는 채 썰고, 대파는 어슷 썰고,

4 김치는 소를 털어내 낱장으로 뗀 뒤 고등어를 올려 돌돌 말고,

5 냄비에 양파채를 깔고 김치말이쌈, 양념장을 얹은 뒤 멸치다시마육수를 부어 끓이고,

쿠킹 팁
아삭한 김치를 좋아하면 10분, 푹 무른 김치를 좋아하면 20분 정도 끓여주세요.

6 팔팔 끓으면 중불에서 익히다 대파를 넣고 한소끔 더 끓여내요.

두부스팸조림

통조림햄을 그냥 구워먹기만 했다면 국민반찬 두부와 함께 조려서 색다른 밥반찬 하나를
추가해봐요. 햄은 짠맛이 강하니까 한 번 데쳐서 기름기와 소금기를 빼줘요.
두부 한 조각, 햄 한 조각 켜켜이 돌려가며 담은 다음 양념을 넣고 조리면
밥이랑 너무너무 잘 어울려요. 햄이 입 안에서 부드럽게 으깨지고
두부가 보들보들하게 부스러지면 나도 모르게 평소보다 밥을 두 배 더 먹게 되니 조심하세요.

4인분

주재료	통조림햄 1캔, 두부 1모, 양파 1/4개, 멸치다시마육수 2/3컵
부재료	식용유 3큰술
양념장	간장 2큰술, 다진 파 2큰술, 맛술 1큰술, 올리고당 1큰술, 고춧가루 4작은술, 다진마늘 1작은술, 참기름 1작은술, 후춧가루 약간

1 양념장을 섞고,

2 두부와 햄은 비슷한 크기로 썰고, 양파는 다지고,

3 햄은 끓는 물에 살짝 데치고,

4 달군 팬에 식용유를 두르고 두부를 앞뒤로 노릇하게 굽고,

> **쿠킹 팁**
> 양념장을 숟가락으로 끼얹으며 졸여주세요.

5 두부 위에 햄, 양파, 양념장을 올린 뒤 멸치다시마육수를 붓고 끓이다 중불로 졸여내요.

김치스팸덮밥

아이의 급식메뉴 중에서 김치스팸볶음은 인기가 최고라고 해요.
볶으면 단맛이 올라와 더 맛있어지는 김치, 구우면 기름기가 돌아 풍미가 으뜸인 통조림햄,
최상의 조합 두 가지가 만났으니 말하지 않아도 이미 맛이 머릿속에 떠오르죠?
김치와 햄에 육수를 넣고 촉촉하게 볶아서 따뜻한 밥 위에 살포시 얹어주세요.
반숙으로 말캉말캉 투명하게 익힌 달걀프라이를 얹어 숟가락으로 노른자를 톡 터뜨려 비벼먹으면,
그 누가 감탄사를 터뜨리지 않을 수 있겠어요?

2인분  통조림햄

주재료	통조림햄 1/2캔, 김치 1+1/2컵, 달걀 2개, 멸치다시마육수 1/2컵, 밥 2공기, 조미김가루 약간
부재료	식용유 약간, 들기름 1큰술, 설탕 1작은술, 고춧가루 1작은술, 후춧가루 약간

1 햄은 깍둑 썰고, 김치는 소를 털어내 송송 썰고,

2 달군 팬에 식용유를 둘러 반숙으로 달걀프라이를 만들어 덜어두고,

3 달군 팬에 들기름을 두르고 김치를 볶고,

4 김치가 잘 볶아지면 멸치다시마육수, 설탕을 넣어 중불에서 졸이고,

5 햄, 고춧가루, 후추를 넣어 더 볶고,

5 따뜻한 밥 위에 김치스팸볶음을 얹고 달걀프라이, 김가루를 올려내요.

스팸코브샐러드

샐러드로 식사를 대신 하기에는 너무 가볍다고 생각하는 가족들도 다양한 재료가 들어가는
코브샐러드를 해주면 숟가락으로 푹푹 떠먹으며 든든해서 좋다고 해요.
삶은 달걀, 토마토, 아보카도를 기본으로 다양한 채소와 과일을 열 맞추어 예쁘게
담아주면 되는데요, 저는 여기에 아이들이 좋아하는 통조림햄도 추가했어요.
미국의 레스토랑 오너 로버트 하워드 코브도 냉장고를 비우다가
이 샐러드를 만들게 되었대요. 우리도 냉장고 속 재료를 활용해 만들어봐요.

2인분

주재료	통조림햄 1캔, 달걀 2개, 아보카도 1개, 노랑파프리카 1/2개, 방울토마토 8개, 블랙올리브 5개
드레싱	마요네즈 1/4컵, 플레인요거트 4큰술, 파르메산치즈가루 1큰술, 레몬즙 1큰술, 설탕 1큰술, 다진 마늘 1작은술, 파슬리가루 1/3작은술, 오레가노가루 약간, 소금 약간, 후춧가루 약간

1 드레싱을 섞고,

2 찬물에 달걀을 넣고 삶다가 끓으면 7분간 더 삶은 뒤 찬물에 헹궈 껍질을 벗기고,

쿠킹 팁 식초와 소금을 약간 넣고 삶아주세요.

3 햄은 1cm 두께로 깍둑 썰어 체에 밭친 뒤 끓는 물을 부어 기름기를 빼고,

4 아보카도, 파프리카는 1cm 크기로 깍둑 썰고, 방울토마토는 2등분하고, 올리브는 동글 썰고,

쿠킹 팁 아보카도는 세로로 칼집을 빙 둘러넣고 비틀어 2등분한 뒤 씨를 칼로 찍어 살짝 비틀면서 빼줘요.

5 달걀은 노른자가 흐트러지지 않도록 깍둑 썰고,

6 그릇에 색감을 살려 나란히 담고 드레싱을 곁들여내요.

스팸감자볶음

반찬 없는 날에 후다닥 만들기 좋은 감자볶음은 아마 국민밑반찬이 아닐까 싶어요.
그렇다고 매일 똑같은 감자볶음만 상에 낼 수는 없으니까 가끔은 통조림햄을 채 썰어
감자와 함께 볶아줘요. 평범한 감자볶음에 재료 하나만 추가했을 뿐인데도
맛이 훨씬 고소하고 풍부해지니 아이들이 정말 좋아해요.
감자볶음이 남으면 달걀물을 얹고 부침개를 부쳐서 새로운 반찬으로 응용해보세요.

2인분 | 통조림햄

| 주재료 | 통조림햄 1/2캔, 감자 2개, 쪽파 4대 |
| 부재료 | 소금 2작은술, 식용유 적당량, 후춧가루 약간 |

1 감자는 껍질 벗겨 곱게 채 썬 뒤 소금에 버무려 재우고,

2 햄은 감자 길이로 채 썰고, 쪽파도 같은 길이로 썰고,

쿠킹 팁 당근이나 피망을 넣어도 좋아요.

3 절인 감자는 찬물에 헹궈 물기를 꼭 짜고,

4 달군 팬에 식용유를 넉넉히 두르고 감자채를 넣어 볶고,

5 감자가 반쯤 익으면 햄을 넣어 볶고,

6 쪽파, 후추를 넣고 한 번 더 볶아내요.

쿠킹 팁 햄이 짭짤해서 간을 더 하지 않아도 돼요.

스팸월남쌈

여름철 불을 쓰지 않고 요리하고 싶거나 채소를 듬뿍 먹고 싶은 날이면 월남쌈을 만들어요.
우선 오이, 파프리카, 깻잎 등 좋아하는 채소와 과일을 곱게 채 썰어요.
그리고 양념에 재워 볶아야 하는 소고기 대신 통조림햄을 데쳐서 준비해봤어요.
간혹 통조림햄이 너무 짜다고 생각했던 분들도 월남쌈에 채소를 듬뿍 넣어서 돌돌 말아 먹으면
햄의 짠맛이 완화되어 부담 없이 즐길 수 있답니다.

2인분

주재료	통조림햄 1캔, 사과 1/2개, 오이 1/2개, 빨강프리카 1/2개, 청피망 1/2개, 맛살 3개, 깻잎 10장, 새싹채소 1/2컵, 파인애플통조림과육 1/2컵, 라이스페이퍼 10장
소스	파인애플통조림국물 4큰술, 칠리소스 2큰술, 멸치액젓 1큰술, 레몬즙 1큰술, 다진 청양고추 1큰술, 다진 홍고추 1큰술, 설탕 1작은술

1 소스를 섞고,

2 햄은 도톰하게 채 썰어 끓는 물에 데치고,

3 사과, 오이는 곱게 채 썰고, 파프리카, 피망, 맛살은 도톰하게 채 썰고,

4 깻잎, 새싹채소는 씻어 물기를 빼고, 파인애플은 한입 크기로 썰고,

5 따뜻한 물에 라이스페이퍼를 담갔다 빼고 깻잎과 나머지 재료를 올려 돌돌 만 뒤 소스와 곁들여내요.

스팸꼬치전

명절이 되어야만 먹을 수 있는 꼬치전은 왠지 손이 많이 가는 음식 같아요.
하지만 소고기를 양념에 재우는 일만 생략해도 뚝딱뚝딱 손쉽게 만들 수 있는 요리죠.
그래서 저는 통조림햄을 썰어서 꼬치전을 만들어요. 통조림햄 특유의 맛과 향이
쪽파, 버섯, 맛살과도 잘 어울리거든요. 고기가 언제 익을까 노심초사하며 기다리지 않아도 되니
이제 명절이 아니라 일상적인 밥반찬으로 자주 즐길 수 있게 되었어요.

2인분	
주재료	통조림햄 1/2캔, 쪽파 5대, 맛살 2개, 새송이버섯 1개, 달걀 2개
부재료	밀가루 1/4컵, 소금 약간, 식용유 적당량

1 햄, 쪽파, 맛살, 새송이는 도톰하게 같은 길이로 썰고,

2 꼬치에 재료의 색을 맞춰 가지런히 끼우고,

쿠킹 팁
여분의 밀가루는 모두 털어 내야 깔끔하게 부쳐져요.

3 달걀을 소금으로 간해 잘 푼 뒤 꼬치에 밀가루를 묻혀 달걀물을 입히고,

4 달군 팬에 식용유를 두르고 꼬치전을 앞뒤로 노릇하게 지져내요.

콘소스샐러드

옥수수통조림은 샐러드의 주재료나 토핑으로 많이 사용하셨을 거예요.
저는 살짝 포만감이 있는 샐러드가 먹고 싶을 때는 옥수수와 사과, 양파, 마요네즈를
함께 갈아서 샐러드소스를 만들어요. 갈아놓은 옥수수에서 달달하고 고소한 맛이
진하게 퍼질 때, 사과와 양파가 새콤달콤한 신선한 맛을 보태줘요.
옥수수를 좋아하시는 분은 옥수수알갱이를 토핑으로 뿌려 드세요.

2인분	
주재료	샐러드채소 2컵, 슬라이스아몬드 1큰술
콘소스	옥수수통조림 5큰술, 마요네즈 2큰술, 올리브유 1큰술, 꿀 1작은술, 소금 1/2작은술, 사과 1/4개, 양파 1/8개

옥수수통조림

1 콘소스는 믹서에 넣고 곱게 갈아 냉장실에서 차게 숙성시키고,

2 마른 팬에 슬라이스아몬드를 살짝 볶고,

3 샐러드채소는 찬물에 담갔다가 물기를 빼고,

4 그릇에 샐러드채소, 콘소스를 올린 뒤 슬라이스아몬드를 얹어내요.

참치옥수수전

아이들이 좋아하는 옥수수에 참치를 곁들이고 감자를 갈아 넣어서 만든 맛있는 전이에요.
옥수수는 달콤하고, 참치는 든든하고, 감자는 쫀득하니까
맛이 없으려야 없을 수가 없겠죠? 한입 크기로 작고 납작하게 구워주면 온 가족이 모두 잘 먹어요.
집에 남는 채소가 있으면 쫑쫑 썰어서 넣어도 좋아요. 참치옥수수전을 부칠 땐
살짝 센 불로 겉이 노릇노릇 바삭해질 때까지 부쳐야 훨씬 맛있어요.

2인분	옥수수통조림
주재료	옥수수통조림 1/2캔, 감자 1개, 홍고추 1개, 참치통조림 1/2캔, 달걀 2개
부재료	밀가루 2큰술, 파슬리가루 약간, 소금 1작은술, 후춧가루 약간, 식용유 적당량

1 감자는 2등분해 1/2개는 강판에 갈고, 나머지 1/2개는 곱게 채 썰고, 고추는 곱게 다지고.

2 옥수수와 참치는 국물을 따라내고.

3 볼에 간 감자, 채 썬 감자, 옥수수, 참치, 고추, 달걀, 밀가루, 파슬리가루, 소금, 후추를 넣어 잘 섞고.

4 달군 팬에 식용유를 두르고 반죽을 한 수저씩 얹어 노릇하게 지져내요.

콘치즈토스트

단지 옥수수와 마요네즈, 치즈의 조합일뿐인데 이렇게 맛있을 수가 있나요?
콘치즈 말이에요. 짭조름하면서도 달달하고 고소한 맛에 숟가락을 놓기가 참 어려워요.
저도 좋아하지만 아이들은 또 얼마나 좋아하는지 몰라요. 그래서 식빵 위에
콘치즈를 올려서 맛도 있고 든든함도 채워주는 간식을 만들었어요.
만드는 법이 간단해서 엄마가 없는 날에도 아이들이 알아서 척척 잘 해먹더라고요.

2인분	
주재료	옥수수통조림 1컵, 베이컨 2장, 식빵 2장, 슬라이스치즈 2장, 피자치즈 1컵
부재료	파슬리가루 약간
양념	마요네즈 1큰술, 설탕 1/2큰술

옥수수통조림

1 옥수수는 국물을 따라낸 뒤 양념을 넣어 버무리고,

2 베이컨은 채 썬 뒤 마른 팬에 바삭하게 구워 키친타월에 올려 기름기를 빼고,

3 마른 팬에 식빵을 살짝 굽고,

4 식빵 위에 슬라이스치즈, 옥수수, 피자치즈를 올리고,

5 마른 팬에 토스트를 올리고 뚜껑을 닫아 치즈를 녹인 뒤 베이컨, 파슬리가루를 뿌려내요.

쿠킹 팁
토스트가 타지 않게 약불에서 조리하세요. 오븐이나 토스터에 넣고 구워도 좋아요.

골뱅이비빔쫄면

골뱅이를 넣은 쫄면은 샐러드뷔페에서 처음 먹어봤어요. 늘 소면을 돌돌 말아 골뱅이무침을
만들곤 했는데, 소면을 쫄면으로 바꾸고 봄동을 듬뿍 넣었더니 너무 맛있더라고요.
그래서 이제는 봄동이 나오는 철이면 쫄면을 꼭 해먹어요. 매콤한 고추장소스에 버무린
쫄면이 메인인 듯하지만, 먹다 보면 봄동과 골뱅이 때문에 샐러드 혹은 겉절이의 느낌도 나요.
나른한 봄날 오후, 매콤달콤 골뱅이비빔쫄면 드시고 춘곤증을 물리쳐보세요.

2인분	골뱅이통조림
주재료	골뱅이통조림 1캔, 쫄면 250g, 오이 1/2개, 양파 1/2개, 봄동 1/2포기
부재료	통깨 1큰술
양념장	고추장 6큰술, 2배식초 1+1/2큰술, 다진 마늘 1큰술, 고춧가루 1/2큰술, 설탕 4작은술, 참기름 2작은술, 레몬즙 1작은술, 맛술 1작은술

1 양념장을 섞고,

2 쫄면은 가닥가닥 뜯고,

쿠킹 팁
골뱅이가 크면 한입 크기로 썰어주세요.

3 골뱅이는 국물을 따라내고,

4 오이는 길게 반 갈라 어슷 썰고, 양파는 링 모양으로 썰고, 봄동은 한입 크기로 썰고,

5 끓는 물에 쫄면을 넣고 5분 정도 삶아 찬물에 헹궈 물기를 빼고,

6 쫄면, 골뱅이, 채소에 양념장을 넣어 버무린 뒤 통깨를 뿌려내요.

쿠킹 팁
양념장은 2큰술 정도 덜 어두고 버무린 뒤 간을 보고 추가하세요.

골뱅이마늘튀김

골뱅이마늘튀김을 만들기 전에 주의할 점을 먼저 알려드릴게요.
골뱅이는 넉넉하게 준비해서 양이 좀 많다 싶을 정도로 양껏 튀겨주세요.
왜냐고요? 너무 맛있어서 팝콘처럼 하나, 둘 집어먹다 보면 금세 동이 나거든요.
남편과 저는 맥주 한 잔 하며 안주로 먹고, 아이들은 간식으로 먹기 참 좋아요.
레몬이 들어간 마요네즈소스에 콕콕 찍어 먹으며 가족과 즐거운 시간을 보내세요.

2인분		골뱅이통조림
주재료	골뱅이통조림 1캔, 마늘 4쪽	
부재료	튀김가루 2/3컵, 찬물 1/2컵, 식용유 적당량	
소스	양파 1/4개, 마요네즈 1/2컵, 설탕 1+1/2큰술, 레몬즙 1큰술, 파슬리가루 약간	

1 소스는 믹서에 넣어 갈고,

2 골뱅이는 국물을 따라 내고, 마늘은 얇게 썰어 찬물에 여러 번 헹군 뒤 물기를 제거하고,

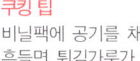

쿠킹 팁
비닐팩에 공기를 채워 흔들면 튀김가루가 골고루 잘 묻어요.

3 비닐팩에 골뱅이, 튀김가루(3큰술)를 담고 흔들어 튀김가루옷을 입히고,

4 남은 튀김가루와 찬물을 섞어 튀김반죽을 만든 뒤 골뱅이를 섞고,

5 180℃로 달군 식용유에 골뱅이, 마늘을 노릇하게 튀겨 소스를 곁들여내요.

골뱅이묵무침

우리가 늘 먹는 음식이라도 재료를 바꾸거나 더하면 새로운 요리 하나가 탄생해요.
도토리묵무침도 가족들이 좋아해서 자주 만드는 반찬인데요.
탱글하면서도 부드러운 묵의 식감과 대비되는 쫄깃한 골뱅이를 추가해보았어요.
골뱅이는 씹는 재미도 있고 묵무침의 양념과도 잘 어울려서 맛있게 먹을 수 있답니다.
골뱅이묵무침에 쑥갓만큼은 꼭 넣어주세요. 그래야 묵무침 특유의 맛이 살아나거든요.

4인분		
주재료	골뱅이통조림 1캔, 도토리묵 1모, 쑥갓 50g, 상추 5장, 오이 1/2개	
묵밑간	들기름 1큰술, 소금 약간	
양념장	간장 2큰술, 참기름 2큰술, 고춧가루 1+1/2큰술, 물엿 1큰술, 2배식초 1큰술, 통깨 1큰술, 고추장 1큰술, 설탕 2작은술, 다진 마늘 1작은술	

1 양념장을 섞고,

2 골뱅이는 국물을 따라내고,

쿠킹 팁 골뱅이가 크면 한입 크기로 썰어주세요.

쿠킹 팁 청포묵이나 메밀묵을 사용하셔도 좋아요.

3 도토리묵은 도톰하게 썰어 묵밑간으로 버무리고,

4 쑥갓, 상추는 먹기 좋은 크기로 썰고, 오이는 반 갈라 어슷 썰고,

5 골뱅이에 양념장을 넣고 버무린 뒤 묵을 넣어 살살 버무리고,

6 나머지 채소를 넣고 가볍게 한 번 더 버무려내요.

골뱅이채소볶음

골뱅이는 꽤 괜찮은 반찬을 만들 수 있는 식재료인데, 너무 술안주로만 쓰이는 것 같아요. 그래서 골뱅이에 채소를 듬뿍 넣고 볶아 밥이랑 잘 어울리는 반찬을 만들었어요. 양배추를 넣어 볶음요리의 단맛을 살리면서 볼륨감도 주었고요, 깻잎을 넣어서 비린내까지 감추었어요. 이 레시피의 핵심은 매운건고추를 넣어서 볶는 동안 요리에 매운맛과 불향을 감돌게 하는 건데요, 마치 중화요리 같은 풍미를 준답니다.

2인분		골뱅이통조림
주재료	골뱅이통조림 1캔, 양배추 4장, 양파 1/2개, 깻잎 4장, 청양고추 2개, 홍고추 1개, 마늘 3쪽, 쥐똥고추 4개	
부재료	식용유 2큰술, 다진 생강 1/2작은술, 간장 1큰술, 맛술 1큰술, 소금 약간, 참기름 1작은술, 후춧가루 1/4작은술, 통깨 1큰술	

쿠킹 팁
골뱅이가 크면 한입 크기로 썰어주세요.

1 골뱅이는 국물을 따라내고,

2 양배추, 양파, 깻잎은 채 썰고, 고추는 어슷 썰고, 마늘은 편 썰고,

3 달군 팬에 식용유를 두르고 마늘, 생강, 쥐똥고추를 볶아 향을 내고,

쿠킹 팁
채소를 넣고 불에서 재빨리 볶아야 숨이 죽지 않아요.

4 양배추, 양파, 골뱅이를 넣고 볶다가 간장, 맛술을 넣어 볶고,

5 고추를 넣고 볶다가 소금으로 간한 뒤 깻잎, 참기름, 후추, 통깨를 넣고 살짝 볶아내요.

골뱅이발사믹샐러드

골뱅이로 샐러드를 만들면 어떤 드레싱이 어울릴까 고민하다가
양파를 착착 다져서 발사믹식초와 올리브유를 섞은 새콤한 드레싱을 곁들여보았어요.
별 기대 없이 한입 먹었다가 상큼하면서도 깊게 어우러지는 맛에 반한 거 있죠.
레드와인과 함께 안주로 먹어도 손색이 없겠더라고요. 씹을수록 입 안에서 진하게 퍼지는
골뱅이맛이 신선한 생양파와 향긋한 발사믹식초 덕분에 한결 선명하게 느껴져요.

		골뱅이통조림
2인분		
주재료	골뱅이통조림 1캔, 양파 1/4개, 샐러드채소 3컵, 크레송 1/2컵	
발사믹드레싱	올리브유 4큰술, 발사믹식초 3큰술, 레몬즙 3큰술, 다진 양파 3큰술, 설탕 1큰술, 소금 1작은술, 파슬리가루 1작은술	

1 발사믹드레싱은 잘 섞어 냉장실에 차게 두고,

2 양파는 곱게 채 썰어 찬물에 담가 매운맛을 빼고, 샐러드채소, 크레송은 씻어 물기를 빼고,

쿠킹 팁
골뱅이가 크면 한입 크기로 썰어주세요.

3 골뱅이는 국물을 따라내고,

쿠킹 팁
크레송 대신 어린잎채소를 올려도 좋아요.

4 접시에 샐러드채소, 크레송, 양파, 골뱅이를 올린 뒤 발사믹드레싱을 뿌려내요.

골뱅이콩나물무침

제가 가족 밥상을 차릴 때도 손님상을 준비할 때도 늘 염두에 두는 조건이 있어요.
메인요리가 살짝 기름지거나 느끼하다면 입맛을 살려줄 만한 상큼한 반찬을
밥상에 함께 내는 거죠. 골뱅이콩나물무침은 이 조건에 적합한 반찬이라 식탁에 자주 올려요.
콩나물, 골뱅이, 오징어채, 식감이 다양한 재료를 모아 초무침 스타일로 매콤하고 달콤하게
무쳐내면 식사 중간중간 입맛을 환기시키기에 딱이랍니다.

2인분	골뱅이통조림
주재료	골뱅이통조림 1캔, 오징어채 50g, 깻잎 6장, 대파 1대, 양파 1/4개, 콩나물 200g
부재료	참기름 1작은술
양념장	고춧가루 4큰술, 식초 2+1/2큰술, 설탕 1+1/2큰술, 올리고당 1큰술, 다진 마늘 1/2큰술, 소금 1작은술, 통깨 1작은술

1 양념장을 섞고,

2 골뱅이는 국물과 건더기를 분리해 따로 두고,

쿠킹 팁
골뱅이가 크면 한입 크기로 썰어주세요.

3 오징어채는 한입 크기로 썬 뒤 골뱅이국물에 불렸다가 꼭 짜고,

4 깻잎, 대파, 양파는 채 썰고,

5 끓는 물에 콩나물을 데친 뒤 찬물에 헹궈 체에 밭쳐 물기를 빼고,

6 모든 재료를 섞어 양념장에 버무린 뒤 참기름을 넣고 살짝 버무려내요.

쿠킹 팁
간을 보고 입맛에 맞게 식초를 추가하세요.

닭고기장조림

닭가슴살로 장조림을 만들면 소고기나 돼지고기장조림에서는 느낄 수 없는
깨끗하고 정갈한 맛을 느낄 수 있어요. 또 고기가 질기지 않아서 어르신과 아이도 먹기 좋고요.
생닭가슴살로 만들어도 맛있지만 닭가슴살통조림을 이용해도 좋은데요.
우선 조리시간이 줄어들고요, 닭가슴살 특유의 퍽퍽함이 없어 정말 보들보들해요.
뒷맛도 산뜻하니까 한동안은 닭고기장조림만 찾게 될 걸요?

4인분	
주재료	닭가슴살통조림 2캔, 꽈리고추 10개
조림장	마늘 5쪽, 건고추 1개, 생강편 1조각, 통후추 1작은술, 물 2컵, 간장 2큰술, 설탕 2큰술, 청주 1큰술

 닭가슴살통조림

1 닭가슴살은 국물을 따라내고,

쿠킹 팁
꽈리고추에 구멍을 내주어야 고추 속까지 간이 배어요.

2 꽈리고추는 포크로 구멍을 내고,

쿠킹 팁
삶은 메추리알을 넣어도 좋아요.

3 냄비에 조림장을 넣어 끓기 시작하면 중불에서 5분간 더 끓이다 닭가슴살을 넣어 10분간 더 조리고,

4 꽈리고추를 넣고 한소끔 더 끓여내요.

닭가슴살미소된장국

마음만 먹으면 5분 안에 한 그릇 뚝딱 만들 수 있는 국을 찾는다면 단연코 미소된장국이죠.
일본의 미소된장은 한국된장처럼 오래 끓이지 않아도 되어 재빨리 요리할 수 있고,
맨밥, 덮밥, 볶음밥 등 어떤 밥요리에도 잘 어울려요. 생소하시겠지만 된장국에
닭가슴살과 셀러리를 넣고 끓여보세요. 국물에 닭이 우러나 진한 맛이 가미되고
담백함 뒤에 셀러리의 잔향이 남아 메인요리처럼 풍성한 맛을 누릴 수 있어요.

2인분	
주재료	닭가슴살통조림 1캔, 셀러리 1대, 두부 1/4모, 쪽파 2대
부재료	물 5컵, 혼다시 1작은술, 미소된장 3큰술

닭가슴살통조림

1 닭가슴살은 국물을 따라내고, 셀러리는 어슷 썰고, 두부는 작게 깍둑 썰고, 쪽파는 송송 썰고,

쿠킹 팁
혼다시 대신 끓는 물에 가쓰오부시를 한 줌 넣고 불을 끈 뒤 5분 후 체에 걸러 사용해도 좋아요.

2 냄비에 물, 혼다시를 넣어 끓이고,

3 닭가슴살, 셀러리, 두부를 넣고 5분간 끓이고,

4 미소된장을 풀어 한소끔 더 끓인 뒤 쪽파를 올려내요.

치킨베이크

코스트코에 가는 날이면 아이들이 항상 불고기베이크와 치킨베이크를 사다 달라고 해요.
물론 맛은 있지만 제 입에는 너무 짭짤해서 꺼려지더라고요. 그래서 하루는
빵반죽을 발효해서 직접 만들어줬어요. 그런데 손이 너무 많이 가서 자주 하긴 힘들겠고….
결국 머리를 썼죠. 빵 반죽 대신 토르티야를 펼치고 닭가슴살통조림, 베이컨, 파스타소스 등을 얹어주면
정말 간편하게 코스트코식 치킨베이크의 맛을 재현할 수 있어요.
참, 속재료의 짠맛을 줄일 수 있도록 양파를 꼭 듬뿍듬뿍 넣어주세요.

2인분	닭가슴살통조림
주재료	닭가슴살통조림 2캔, 베이컨 2장, 양파 1/2개, 대파 1/2대, 크림파스타소스 1/2컵, 토르티야 2장, 피자치즈 1컵
부재료	후춧가루 약간

1 닭가슴살은 국물을 따라내고, 베이컨, 양파는 채 썰고, 대파는 다지고,

쿠킹 팁 파프리카, 셀러리를 넣어도 잘 어울려요.

2 달군 팬에 베이컨을 볶다가 양파-닭가슴살-대파 순으로 넣어 볶고,

3 크림파스타소스, 후추를 넣고 끓여 닭고기크림을 만들고,

4 토르티야에 닭고기크림을 올린 뒤 피자치즈를 얹고,

5 위아래로 접어 속재료를 잘 감싸고,

쿠킹 팁 프라이팬을 사용할 땐 접힌 부분을 팬에 닿게 구워야 잘 풀리지 않아요.

6 180℃로 달군 오븐에서 치즈가 녹을 만큼 구워 먹기 좋게 썰어내요.

닭가슴살카레샐러드

닭가슴살카레샐러드를 활용하는 세 가지 방법을 살짝 공개해요.
첫째, 따뜻한 밥, 김치와 함께 한식으로 즐겨요. 둘째, 살짝 구운 식빵 위에 얹어서
브런치로 즐겨요. 셋째, 담백한 크래커 위에 얹어서 카나페로 즐겨요. 닭고기와 삶은 달걀,
마요네즈가 크리미하게 뭉쳐 하나가 되니까 마치 단호박샐러드를 먹는 것 같아요.
오이 대신 셀러리를 넣어도 카레의 향과 잘 어울린답니다.

2인분	닭가슴살통조림
주재료	닭가슴살통조림 1캔, 오이 1/2개, 양파 1/4개, 달걀 1개
부재료	소금 약간
카레소스	마요네즈 3큰술, 카레가루 1큰술, 머스터드 1작은술, 씨겨자 1작은술, 설탕 1작은술, 파슬리가루 1작은술, 소금 약간, 백후춧가루 약간

1 카레소스는 잘 섞고,

2 닭가슴살은 국물을 따라내 꼭 짜고,

쿠킹 팁
식초와 소금을 약간 넣고 삶아 찬물에 헹궈주면 껍질이 잘 벗겨져요.

3 찬물에 달걀을 넣고 삶다가 끓으면 7분간 더 삶은 뒤 껍질을 벗겨 다지고,

4 오이, 양파는 채 썰어 소금에 10분간 재운 뒤 물기를 꼭 짜고,

5 모든 재료를 카레소스에 버무려내요.

닭고기양파전

반찬으로도, 간식으로도, 야식으로도 가장 만만하게 할 수 있는 요리는 전이라고 생각해요.
재료를 한데 모아 달걀이나 밀가루로 반죽해서 부쳐내면 그 어떤 재료도 맛있어지잖아요.
특히 닭가슴살에 카레가루와 다진 고추를 섞어 전을 부치면 카레의 향긋함이
이국적인 느낌을 자아내면서도 고추의 매콤함 때문에 한국적인 맛이 완성되죠.
상차림에 힘을 주고 싶을 때 양파링 속에 전을 채워 구우면 꽤 폼 나는 요리가 된답니다.

2인분

주재료	닭가슴살통조림 1캔, 양파 1개, 당근 1/5개, 청고추 1개, 홍고추 1개, 달걀 3개
부재료	빵가루 4큰술, 카레가루 1작은술, 소금 약간, 후춧가루 약간, 식용유 적당량

1 닭가슴살은 국물을 따라내 물기를 꼭 짜고, 양파는 1cm 두께의 링 모양으로 썰고,

2 양파는 커다란 링만 분리해 따로 두고, 나머지 양파, 당근, 고추, 닭가슴살은 다지고,

쿠킹 팁 양파링을 넉넉하게 준비해야 반죽이 남지 않아요.

3 다진 채소와 닭가슴살에 빵가루, 카레가루, 소금, 후추, 달걀(1개)을 넣고 버무려 반죽을 만들고,

4 양파링에 밀가루를 뿌리고 반죽을 채운 뒤 다시 밀가루를 입히고,

쿠킹 팁 양파링 안쪽에 밀가루를 묻혀야 반죽이 분리되지 않고 잘 붙어요.

5 달걀(2개)을 풀어 양파전에 달걀물을 입히고,

6 달군 팬에 식용유를 두른 뒤 양파전을 얹어 앞뒤로 노릇하게 지져내요.

크랜베리치킨샌드위치

크랜베리치킨샌드위치는 대형 커피전문점이나 제과점에서 인기리에 판매되는 메뉴예요.
제대로 만들려면 생닭가슴살을 삶은 다음에 곱게 다져서 양념해야 하지만,
닭가슴살을 익혀서 만든 통조림을 이용해도 깜짝 놀랄 정도로 맛있어요.
닭고기를 삶는 과정이 생략되니 정말 빨리 만들 수도 있고요. 부드러운 닭가슴살과
오독오독 고소한 견과류를 씹다 보면 통조림으로 만들었다고는 상상도 못할 걸요?

2인분	
주재료	닭가슴살통조림 2캔, 잉글리시머핀 4장, 건크랜베리 2큰술, 양파 1/4개, 셀러리 1/2대, 슬라이스아몬드 1/4컵, 호두알 5개
부재료	소금 약간, 마요네즈 5큰술, 백후춧가루 약간
스프레드	버터 2큰술, 꿀 1/2큰술, 머스터드 1/2큰술, 씨겨자 1작은술

닭가슴살통조림

쿠킹 팁
버터는 실온에 두어 말랑해지면 사용해요.

1 스프레드를 섞고,

2 양파는 채 썬 뒤 소금에 버무려 잠시 두었다가 찬물에 헹궈 꼭 짜고,

쿠킹 팁
양파, 셀러리, 닭고기는 견과류보다 곱게 다져주세요.

3 아몬드, 크랜베리, 양파, 셀러리, 호두는 다지고, 닭가슴살은 국물을 따라내 꼭 짠 뒤 다지고,

4 다진 재료를 모두 섞어 마요네즈, 소금, 백후추를 넣어 버무리고,

5 잉글리시머핀을 반 갈라 스프레드를 바른 뒤 속재료를 올려 마주 덮어내요.

· · · · · · · · · · ·

대형마트에 가면 한두 봉지씩 사게 되는 냉동만두, 치킨, 떡갈비, 너비아니, 돈가스.
바빠서 장을 보지 못 했거나 밥반찬 없는 날, 프라이팬에 데우거나 튀겨서 주기에도 참 좋죠. 매번 너무 정직한 냉동식품의 자태를 상에 그대로 낸다고 민망해하지 말아요. 이제부턴 엄마표소스를 더해 그럴싸한 요리로 만들 거니까요. 양념을 추가하면 유행하는 간식이 되고, 재료를 추가하면 학교 앞 인기 만점 분식메뉴가 되니 늘 요리 잘하는 엄마라는 칭찬을 들을 수 있을 거예요.

Part 4.

냉동식품으로 맛을 업그레이드한
15분 한끼

냉동만두

냉동순살치킨

떡갈비

너비아니

돈가스

삼선만둣국

속이 출출한데 딱히 먹을 만한 반찬이 없다면 냉동만두로 근사한 중국요리를 만들어보세요.
해물을 넉넉하게 넣어서 감칠맛이 좋은 데다 보들보들하게 익은 달걀이
입 안을 부드럽게 감싸 든든하고 고급스러운 중식수프를 먹는 것 같아요.
몸이 으슬으슬 추워질 때 뜨끈한 만둣국 한 그릇을 먹고 나면
몸속 마디마디마다 따뜻한 기운이 퍼진답니다.

2인분

냉동만두

주재료	냉동물만두 20개, 바지락 1컵, 오징어 1/2마리, 새우(중하) 6마리, 대파 1/2대, 달걀 2개
부재료	식용유 1큰술, 다진 마늘 1/2큰술, 청주 1큰술, 뜨거운 물 3컵, 치킨스톡 1개, 참기름 약간, 후춧가루 약간

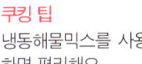
쿠킹 팁
냉동해물믹스를 사용하면 편리해요.

1 바지락은 해감하고, 오징어는 먹기 좋게 썰고, 새우는 껍질을 벗기고, 대파는 채 썰고,

2 끓는 물에 물만두를 넣고 데쳐 끓어오르면 찬물에 헹구고,

3 냄비에 식용유를 두르고 채 썬 파, 다진 마늘을 볶고,

쿠킹 팁
청주를 넣으면 해물의 비린내를 제거해 줘요.

4 바지락, 오징어, 새우를 넣고 강불에서 볶다가 청주를 넣어 볶고,

쿠킹 팁
치킨스톡이 없으면 멸치육수나 소고기육수를 사용하세요.

5 뜨거운 물, 치킨스톡을 넣고 끓으면 데친 만두를 넣고,

6 끓어오르면 달걀을 풀어 흘려 부은 뒤 참기름, 후추를 넣고 살짝 끓여내요.

비빔만두

군만두는 항상 초간장에만 찍어 드셨다고요?
이젠 싱싱한 채소와 양념장을 곁들여 맛과 영양을 한 단계 높여주세요.
아삭한 채소와 바삭한 군만두를 매콤 달콤 새콤한 고추장소스로 버무려
만두의 느끼함 없이 끝까지 개운하게 먹을 수 있어요.

2인분	냉동만두 
주재료	냉동군만두 8개, 양배추 50g, 양파 1/4개, 당근 1/5개, 깻잎 5장, 상추 4장
부재료	식용유 약간
고추장소스	설탕 3큰술, 식초 3큰술, 고추장 3큰술, 매실청 1+1/2큰술, 레몬즙 1큰술, 참기름 1/2큰술, 고춧가루 1작은술, 다진 마늘 1작은술, 후춧가루 약간

1 고추장소스를 섞고,

쿠킹 팁
양배추, 양파, 당근은 찬물에 담갔다가 채 썰면 더욱 아삭해져요.

2 양배추, 양파, 당근, 깻잎, 상추는 곱게 채 썰고,

쿠킹 팁
마지막에 물 1/2큰술을 넣고 뚜껑을 닫아 익히면 속까지 잘 익어요.

3 달군 팬에 식용유를 두르고 만두를 앞뒤로 노릇하게 굽고,

쿠킹 팁
만든 소스의 양이 넉넉한 편이니 기호에 맞게 적당히 뿌려주세요.

4 접시에 구운 만두를 돌려 담고 채소를 올린 뒤 고추장소스를 뿌려내요.

만두떡강정

요즘 초등학교 앞 분식집의 인기메뉴 중 하나가 만두떡강정이라는 사실을 아시나요?
고소한 순살치킨과 만두에 쫄깃한 떡까지 넣고
양념치킨맛 양념으로 옷을 입히니 아이들 간식 BEST 5로 자리할 만하죠?
매콤 새콤 달콤한 양념맛에 한 번 집어먹고
치킨과 만두와 떡을 골라 먹는 재미에 두 번 집어먹는답니다.

2인분	냉동만두 
주재료	냉동물만두 12개, 떡볶이떡 100g, 팝콘치킨 1/2컵
부재료	녹말가루 2큰술, 식용유 적당량
양념장	케첩 3큰술, 올리고당 1큰술, 설탕 1/2큰술, 맛술 1/2큰술, 고추장 1/2큰술, 다진 마늘 1/2작은술, 후춧가루 약간

1 양념장을 섞고,

2 떡볶이떡은 한입 크기로 작게 썰어 끓는 물에 데치고,

쿠킹 팁
쌀떡은 오래 튀기거나 높은 온도의 기름에서 튀기면 터질 위험이 있으니 조심하세요.

3 데친 떡에 녹말가루를 꼼꼼히 묻혀 살짝 튀기고, 만두와 팝콘치킨도 튀기고,

쿠킹 팁
양념장에 거품이 나면 튀긴 재료를 넣어주세요.

4 달군 팬에 식용유(1큰술)를 두르고 양념장을 볶아가며 끓이다가 튀긴 재료를 모두 넣고 버무려내요.

군만두샐러드

가벼운 샐러드에 든든한 토핑을 원한다면 군만두를 얹어보세요.
바삭하게 구운 만두와 새콤한 소스가 근사한 요리처럼 잘 어울려 아삭한 채소 한 접시가
금방 바닥을 보일 거예요. 만두가 포만감을 줘서 간편하게 끼니를 때울 때도 좋고요,
만두에 부족한 비타민을 채소가 채워주니 부족함이 느껴지지 않아요.

2인분	냉동만두 
주재료	냉동물만두 14개, 샐러드채소 2컵, 방울토마토 5개, 슬라이스아몬드 1큰술
부재료	식용유 적당량
드레싱	간장 3큰술, 식초 3큰술, 포도씨유 3큰술, 다진 양파 3큰술, 다진 마늘 1/2큰술, 흑임자 1/2큰술, 설탕 1작은술, 후춧가루 약간

1 드레싱을 섞고,

2 달군 팬에 식용유를 넉넉하게 넣어 만두를 노릇하게 튀기듯 굽고,

3 샐러드채소는 찬물에 담갔다가 물기를 빼고, 방울토마토는 2등분하고,

4 접시에 샐러드채소, 구운 만두, 방울토마토, 슬라이스아몬드를 얹고 드레싱을 뿌려내요.

만두전골

칼칼한 국물에 버섯을 듬뿍, 배추를 수북이 넣어 맛이 개운한 만두전골이에요.
온 가족이 오손도손 모여앉아 먹기 좋은 국물요리죠.
담백한 만두전골이 먹고 싶을 땐 간장으로 재운 소불고기를 조금 넣고
양념장에서 고춧가루만 빼고 끓이면 되니 입맛에 따라 두 가지 맛으로 즐겨보세요.

4인분		냉동만두 
주재료	냉동김치만두 8개, 표고버섯 4개, 배추 2장, 팽이버섯 1봉, 쑥갓 30g, 느타리버섯 30g, 대파 1대, 멸치다시마육수 5컵	
양념장	고춧가루 1큰술, 국간장 1큰술, 참치액 1큰술, 다진 마늘 1/2큰술, 맛술 1작은술, 소금 약간, 후춧가루 약간	

쿠킹 팁
양념장은 미리 섞어 불려놓아야 국물에서 날 고춧가루 맛이 나지 않아요.

1 양념장을 섞고,

2 표고, 배추, 팽이, 쑥갓을 먹기 좋게 썰고, 느타리는 결대로 찢고, 대파는 어슷 썰고,

쿠킹 팁
멸치다시마육수를 끓여서 뜨거울 때 부어주세요. 찬 육수를 부을 땐 만두를 육수가 팔팔 끓은 다음에 넣어주세요..

3 전골팬에 만두, 표고, 느타리, 배추를 돌려 담고,

4 멸치다시마육수를 붓고 양념장을 풀어 끓이다 만두가 익으면 대파, 팽이, 쑥갓을 넣고 한소끔 더 끓여내요.

만두그라탱

요리 솜씨가 없는 사람도 100% 성공하는 효자레시피를 알려드릴게요.
만두피가 쫄깃하게 씹히는 찐만두에 시판토마토소스와 치즈를 듬뿍 넣고 구우면
어른도 아이도 모두 잘 먹는 별미간식이 완성된답니다.
오늘부터는 퓨전 서양요리도 문제 없겠죠?
바쁜 땐 만두와 토마스소스, 피자치즈, 재료 세 가지로 완성해봐요.

2인분  냉동만두

주재료	냉동찐만두 8개, 양파 1/4쪽, 마늘 4쪽, 토마토파스타소스 1컵, 피자치즈 1컵
부재료	올리브유 1큰술

1 김 오른 찜기에 만두를 넣어 찌고,

2 양파는 다지고, 마늘은 굵게 다지고,

> **쿠킹 팁**
> 냉장실에 있는 자투리 채소를 다져 넣어도 좋아요.

3 달군 팬에 올리브유를 두르고 다진 마늘을 볶다가 양파를 볶고,

4 토마토소스를 넣고 중약불에서 3분 정도 볶아가며 졸이고,

5 내열용기에 졸인 토마토소스를 절반 정도 부어 찐만두를 올리고,

> **쿠킹 팁**
> 오븐이 있다면 190℃의 오븐에서 10분간 구워요.

6 남은 토마토소스와 피자치즈를 올려 전자레인지에서 치즈가 녹을 정도로만 가열해내요.

뚝배기만두

만두와 함께 끓여낸 육개장 스타일의 얼큰한 국물요리예요.
뚝배기에 담아 보글보글 끓을 때 재빨리 차려낸 뒤
뜨거운 밥과 함께 호호 불어가며 만두를 터뜨려 먹는 그 맛이란!
국물 한 숟가락이면 뼈 속까지 뜨거운 기운이 퍼져 어느덧 이마엔 땀이 송글송글 맺혀요.

2인분		냉동만두 
주재료	냉동왕만두 4개, 소고기(불고기용) 200g, 숙주 50g, 대파 1대, 양파 1/4개, 표고버섯 2개, 팽이버섯 1/2봉, 다시마육수 5컵	
소고기양념	고춧가루 1+1/2큰술, 고추장 1/2큰술, 참치액 1큰술, 다진 마늘 1큰술, 국간장 1작은술, 참기름 1작은술, 후춧가루 1/3작은술	

1 소고기는 키친타월에 올려 핏물을 뺀 뒤 소고기양념에 재우고,

2 숙주는 잘 씻고, 대파는 길게 반 갈라 4cm 길이로 썰고, 양파와 표고는 채 썰고, 팽이는 밑동을 제거하고,

3 달군 냄비에 양념한 소고기를 볶고,

4 다시마육수를 넣어 끓이고,

쿠킹 팁 숙주를 아삭하게 먹고 싶을 땐 마지막에 넣고 살짝만 끓여주세요.

5 육수가 끓으면 양파, 표고, 대파, 숙주를 넣어 끓이고,

쿠킹 팁 부족한 간은 소금으로 맞추세요.

6 만두를 넣어 끓이다가 만두가 익으면 팽이버섯을 올려내요.

칠리치킨

매콤하면서도 달달한 소스가 매력적인 칠리새우는 아마 남녀노소 누구나 좋아할 거예요.
가끔 중식당에서 먹은 칠리새우의 소스맛이 생각나면
집에서 새우보다 더 고소하고 진한 맛을 내는 치킨으로 푸짐하게 만들어먹어요.
막상 해보면 어렵지 않으니 꼭 도전해서 가족들에게 칭찬받아 볼까요?

2인분	냉동순살치킨 
주재료	냉동순살치킨 300g, 옥수수통조림 2큰술
부재료	식용유 적당량, 다진 마늘 1큰술, 다진 생강 1작은술, 고추기름 1큰술, 파슬리가루 약간
양념장	설탕 2+1/2큰술, 케첩 2+1/2큰술, 두반장 1작은술, 물 2/3컵, 물녹말 1~2큰술

1 치킨은 180℃로 달군 식용유에 노릇하게 튀기고,

2 달군 팬에 식용유(1큰술)를 두르고 마늘, 생강을 볶아 향을 내고,

> **쿠킹 팁**
> 물녹말은 물과 녹말가루를 1:1 비율로 섞어서 만들어요.

3 양념장의 설탕, 케첩, 두반장을 넣고 볶다가 물, 옥수수를 넣어 바글바글 끓으면 물녹말로 농도를 맞추고,

4 튀긴 치킨, 고추기름을 넣고 뒤적인 뒤 파슬리가루를 뿌려내요.

치킨레몬탕수

냉동치킨도 뻔한 맛이고 탕수소스도 익숙한 맛이라고 생각하시겠지만
두 가지 맛이 만나면 놀라운 맛의 변신이 이루어집니다.
새콤하고 달콤한 탕수소스에 레몬을 썰어 넣어 소스의 맛과 향을
신선하고 향긋하게 살리면 당분간 중국집 탕수육과는 Bye Bye~하게 될 거예요.

2인분  냉동순살치킨

주재료	냉동순살치킨 300g
부재료	식용유 적당량
레몬탕수소스	레몬 1개, 물 1/2컵, 설탕 3큰술, 소금 1/2작은술, 치킨스톡 1/2개, 물녹말 1큰술

1 치킨은 180℃로 달군 식용유에 노릇하게 튀기고,

쿠킹 팁
도마 위에 레몬 1개를 놓고 손바닥으로 굴리면 짤 때 레몬즙이 많이 나와요.

2 레몬을 2등분해 1/2개는 레몬즙을 짜고,

쿠킹 팁
레몬의 껍질을 벗겨 알맹이만 깍뚝 썰어 넣어도 좋아요.

3 나머지 레몬 1/2개는 부채꼴로 썰고,

4 냄비에 물, 설탕, 레몬즙(4큰술), 소금, 치킨스톡을 넣어 끓이다 썰어둔 레몬을 넣고,

5 물녹말로 농도를 맞춰 소스를 만들고,

6 튀긴 치킨 위에 소스를 얹어내요.

파닭

파닭, 이제 배달시키지 말고 집에서 간편하게 만들어먹어요.
냉동치킨 위에 대파채를 푸짐하게 올리고
소스 재료 휘휘 섞어서 뿌리기만 하면 근사한 파닭 완성!
갓 튀겨낸 치킨에 뜨겁게 끓인 소스를 뿌려야 제 맛이 나니까
요리할 때 타이밍에 신경써주세요.

2인분	냉동순살치킨 
주재료	냉동순살치킨 8개, 대파 2대, 청양고추 2개, 홍고추 2개
부재료	식용유 적당량
소스	간장 3큰술, 식초 3큰술, 물 3큰술, 맛술 1+1/2큰술, 설탕 1큰술, 다진 마늘 1작은술, 레몬 2조각

1 치킨은 180℃로 달군 식용유에 노릇하게 튀기고,

2 대파는 채 썰어 찬물에 담갔다 물기를 빼고, 청양고추, 홍고추는 송송 썰고,

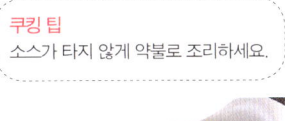

쿠킹 팁
소스가 타지 않게 약불로 조리하세요.

3 냄비에 레몬을 제외한 소스재료를 모두 넣고 데워 설탕이 녹으면 불을 끈 뒤 레몬을 넣어 소스를 만들고,

4 접시에 대파채를 깔고 튀긴 치킨, 고추를 올린 뒤 끓인 소스를 부어내요.

치킨월도프샐러드

뉴욕 월도프호텔에서 처음 만들어 전해진 월도프샐러드는
냉장고에 사과와 호두, 셀러리가 있는 날이면 꼭 만들어먹어요.
클래식한 샐러드에 올리고당으로 달콤하게 버무린 호두와
바삭한 치킨을 곁들이니 맛과 식감이 한층 풍부해졌어요.
식사메뉴로도, 매력적인 초대요리로도 손색없답니다.

2인분	
주재료	냉동너겟 10개, 호두 1/2컵, 양상추 3장, 사과 1/2개, 양파 1/4개, 셀러리 1대, 올리고당 2큰술, 슬라이스아몬드 약간
부재료	식용유 적당량
드레싱	플레인요구르트 1개, 마요네즈 2큰술, 레몬즙 1큰술, 씨겨자 1큰술, 올리고당 1큰술, 소금 약간

 냉동순살치킨

쿠킹 팁
허브의 일종인 딜을 곱게 다져서 넣으면 한층 향긋해요.

1 드레싱을 섞어 냉장실에 차게 두고,

2 호두는 끓는 물에 데친 뒤 올리고당에 버무려 160℃의 오븐에서 10분간 노릇하게 굽고,

3 너겟은 180℃로 달군 식용유에 바삭하게 튀겨 기름기를 빼고,

4 양상추는 먹기 좋게 찢고, 사과는 가로로 2등분해 얇게 썰고, 양파는 채 썰고, 셀러리는 어슷 썰고,

쿠킹 팁
튀긴 너겟은 한 김 식혀서 섞어야 드레싱이 묽어지지 않아요.

5 볼에 너겟과 채소를 넣고 골고루 섞어 접시에 담고,

쿠킹 팁
계핏가루를 살짝 뿌리면 맛이 고급스러워져요.

6 드레싱을 뿌리고 슬라이스아몬드와 호두를 뿌려내요.

치킨토르티야랩

냉동실에 토르티야를 준비해두면 아이들 간식은 물론
바쁜 아침, 가족의 아침식사나 소풍도시락을 준비할 때 유용해요.
토르티야에 바삭하게 튀긴 순살치킨과 채소, 허니머스터드소스를 넣어 돌돌 말아주면
만들기도 편하고 먹기에도 좋은 간편한 샌드위치가 완성돼요.

2인분  냉동순살치킨

주재료	냉동순살치킨 4개, 양상추 2장, 치커리 6장, 빨강파프리카 1/4개, 노랑파프리카 1/4개, 토르티야 2장, 슬라이스치즈 2장
부재료	식용유 적당량, 스위트칠리소스 2큰술
허니머스터드소스	마요네즈 3큰술, 다진 피클 2큰술, 다진 양파 1큰술, 머스터드 1큰술, 꿀 1/2큰술, 소금 약간, 후춧가루 약간

쿠킹 팁
시판허니머스터드에 다진 피클, 다진 양파만 추가해도 좋아요.

1 허니머스터드소스를 섞고,

2 치킨은 180℃로 달군 식용유에 노릇하게 튀기고,

3 양상추, 치커리는 씻어 물기를 털고, 파프리카는 채 썰고,

쿠킹 팁
토르티야를 바삭하게 구우면 부스러지니 살짝 구워요. 김이 오른 찜기에 잠깐 쪄도 좋아요.

4 마른 팬에 토르티야를 앞뒤로 굽고,

쿠킹 팁
매콤한 맛을 좋아하면 할라피뇨슬라이스를 추가하세요.

5 토르티야 중앙에 칠리소스를 바르고 양상추, 치즈, 치킨, 치커리, 파프리카를 올려 허니머스터드소스를 뿌리고,

쿠킹 팁
랩으로 싸서 잠시 그대로 두어야 속재료가 밀착되어 모양이 잡혀요.

6 좌우를 살짝 접어 잡아당기듯 돌돌 말아 랩으로 싼 뒤 가운데를 썰어내요.

떡갈비비빔밥

냉장실에 채소가 넘치는 날에는 무슨 요리를 하세요? 건강한 샐러드도 좋지만 한국인은 역시 밥심으로 살잖아요. 그래서 저는 각종 채소와 밥을 함께 먹을 수 있는 비빔밥을 자주 만들어요. 비빔밥 위에 없던 입맛도 살려주는 구운 떡갈비를 얹어 과일향 나는 고추장에 쓱쓱 비비면 사 먹는 것보다 훨씬 푸짐하고 맛있답니다.

2인분	떡갈비
주재료	떡갈비 6개, 시금치 150g, 숙주 100g, 어린잎채소 1/2컵, 애호박 1/4개, 느타리버섯 30g, 달걀 2개, 밥 1+1/2공기
부재료	식용유 약간, 소금 적당량, 참기름 약간
비빔장	고추장 4큰술, 양파 간 것 2큰술, 배즙 2큰술

1 비빔장을 섞고,

2 시금치, 숙주, 어린잎채소는 잘 씻고, 애호박은 반달 썰고, 느타리는 찢고,

3 달군 팬에 식용유를 두르고 강불에서 호박-느타리-시금치-숙주 순으로 소금을 약간씩 넣어 각각 볶고,

4 떡갈비를 구워서 작게 깍둑 썰고,

5 달군 팬에 식용유를 두르고 반숙으로 달걀프라이를 만들고,

6 그릇에 밥과 볶은 채소, 떡갈비, 달걀을 얹은 뒤 비빔장, 참기름을 둘러내요.

떡갈비데리야키덮밥

짭조름한 간장양념이 쏙쏙 잘 배어든 떡갈비는
냉장실에 고기가 없을 때 고기 대신 사용할 수 있는 간편한 재료예요.
그래서 소고기스테이크 대신 씹는 맛이 살아 있는 떡갈비로
근사한 데리야키소스덮밥을 만들어봤어요.
다른 반찬이 필요 하지 않아 반찬 없는 날, 티 내지 않는 요리로 참 좋아요.

2인분	떡갈비
주재료	떡갈비 8개, 대파 1대, 밥 2공기
부재료	식용유 약간, 버터 2작은술
데리야키소스	대파 1대, 간장 2큰술, 맛술 2큰술, 물 2큰술, 청주 1큰술, 설탕 1큰술, 생강편 1조각

1 주재료의 대파(1대)는 5cm 길이로 썰어 채 썬 뒤 찬물에 담그고,

2 데리야키소스에 쓸 대파(1대)는 5cm 길이로 썰어 마른 팬에서 태우듯 굽고,

쿠킹 팁
석쇠나 팬에서 대파 겉면을 태우면 특유의 단맛이 살아나요.

3 나머지 데리야키소스 재료를 모두 넣어 팔팔 끓으면 약불로 졸이고,

4 달군 팬에 식용유를 두르고 떡갈비를 굽고,

5 밥 위에 버터, 채 썬 대파, 떡갈비를 얹고 데리야키소스, 소스에 든 구운 대파를 함께 올려내요.

너비아니오니기라즈

주먹밥보다 먹기 편하고 밥버거보다 만들기 쉬운 오니기라즈를 소개합니다.
모양도 예쁘고 포장도 간편해 아침 대용이나 도시락 메뉴로 안성맞춤이에요.
냉동너비아니를 큼직하게 구워 넣으면 별다른 소스가 없어도 맛있게 먹을 수 있어요.
불고기나 김치볶음, 연어조림 등 속재료를 바꾸어 넣어가며
다양한 맛의 오니기라즈를 즐겨보세요.

2인분  너비아니

주재료	너비아니 2개, 상추 2장, 깻잎 4장, 달걀 2개, 밥 1+1/2공기, 김밥김 2장, 슬라이스치즈 2장
부재료	식용유 약간, 소금 약간
밥양념	통깨 1작은술, 참기름 1작은술, 소금 1/2작은술

1 상추, 깻잎은 씻어 물기를 털고,

쿠킹 팁
달걀프라이는 노란자를 깨 뜨려 완숙으로 익혀주세요.

2 달군 팬에 식용유를 둘러 너비아니를 굽고, 소금을 뿌려 달걀프라이를 만들고,

3 밥은 밥양념으로 버무리고,

4 김을 마름모꼴로 놓고 양념한 밥의 1/4을 가운데에 동그랗게 올리고,

5 밥 위에 상추-너비아니-달걀프라이-치즈-깻잎 순으로 올리고,

쿠킹 팁
같은 방법으로 오니기 리즈 하나를 더 만들어 주세요.

6 다시 밥 1/4 분량으로 윗부분을 덮고 김의 사방을 마주 접은 뒤 랩으로 감싸 썰어내요.

너비아니부추샐러드

너비아니가 우리나라 궁중요리니까 샐러드를 만들 때도 한국식으로 만들어봐요.
고운 색을 내면서 칼칼한 맛을 살릴 수 있도록 고춧가루도 팍팍 넣어주고요,
액젓과 식초로 간해 풍미를 살리면 다른 반찬과 참 잘 어울려요.
부추와 치커리, 무순의 쌉쌀한 맛과 사과의 달콤함은 또 얼마나 조화로운지!
단, 너비아니가 짭조름하니 소스를 너무 짜지 않게 뿌려주세요.

2인분	너비아니 
주재료	너비아니 4개, 영양부추 20g, 치커리 50g, 사과 1/8개, 무순 1/4봉
부재료	식용유 약간
드레싱	고춧가루 1큰술, 액젓 1큰술, 식초 1큰술, 설탕 1/2큰술, 다진 마늘 1/2큰술, 통깨 1큰술, 참기름 1작은술

쿠킹 팁
채소는 모두 얼음물에 담갔다가 물기를 빼면 더 싱싱해져요.

1 드레싱을 섞고,

2 영양부추는 4cm 길이로 썰고, 치커리, 사과도 짧게 채 썰고, 무순은 썻고,

3 달군 팬에 식용유를 둘러 너비아니를 구워 큼직하게 썰고,

4 모든 채소를 섞어 드레싱에 살짝 버무려 너비아니와 곁들여내요.

너비아니무쌈

너비아니는 쌈무에 싸서 밥과 함께 먹어도 맛있지만
조금 더 특별하게 즐기고 싶다면 이국적인 소스를 곁들여보세요.
소스에 땅콩버터와 깨가 들어가 고소하고요, 겨자와 식초가 느끼함을 잡아
나도 모르게 계속 손이 가게 될 거예요.
색색의 채소가 어우러져 모양까지 예쁘니 밥상의 꽃이 따로 없겠죠?

2인분	너비아니 
주재료	너비아니 4개, 빨강파프리카 1/4개, 노랑파프리카 1/4개, 맛살 3개, 무순 1/2봉, 시판쌈무 1/2봉
부재료	식용유 약간
땅콩소스	깨 1+1/2큰술, 땅콩버터 2큰술, 간장 1큰술, 레몬즙 1큰술, 식초 1큰술, 설탕 1큰술, 꿀 1큰술, 연겨자 1작은술, 소금 약간

1 땅콩소스의 깨를 곱게 갈아서 나머지 땅콩소스 재료와 섞고,

2 파프리카, 맛살은 굵게 채 썰고, 무순은 씻어 물기를 털고,

3 달군 팬에 식용유를 둘러 너비아니를 구운 뒤 키친타월에 올려 기름기를 빼 굵게 채 썰고,

쿠킹 팁
쌈무 대신 물과 밀가루를 1:1 비율로 섞은 뒤 소금을 약간 넣고 반죽해 밀전병을 부쳐서 말아내도 좋아요.

4 쌈무에 너비아니, 파프리카, 맛살, 무순을 넣고 고깔모양으로 감싸 땅콩소스를 곁들여내요.

너비아니깻잎쌈밥

너비아니는 구워서 식은 후에도 맛이 변하지 않아 도시락반찬으로 참 좋아요.
특히 향긋한 깻잎으로 쌈밥을 만들면 맛과 향의 조화가 훌륭하죠.
또 하나씩 쏙쏙 집어먹기도 편해서 잠깐 외출할 때 아이들 끼니 대용으로 만들어놓기에도 좋아요.
상추나 케일, 양배추 등 좋아하는 쌈채소로 돌돌 말아 만들어보세요.

2인분  너비아니

주재료	너비아니 4개, 깻잎 12장, 밥 2공기
부재료	식용유 약간
밥양념	통깨 1/2큰술, 참기름 1작은술, 소금 1/2작은술
쌈장	된장 1큰술, 고추장 1작은술, 매실청 1/2작은술, 다진 파 1작은술, 다진 마늘 1/2작은술, 참기름 1/2작은술

1 쌈장을 섞고,

쿠킹 팁
끓는 물에 소금을 약간 넣고 깻잎을 넣자마자 두세 번 저어준 뒤 바로 건지세요.

2 끓는 물에 깻잎을 데친 뒤 찬물에 헹궈 물기를 빼고,

3 달군 팬에 식용유를 둘러 너비아니를 구워 3등분하고,

4 따뜻한 밥은 밥양념으로 버무리고,

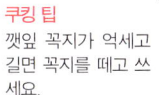

쿠킹 팁
깻잎 꼭지가 억세고 길면 꼭지를 떼고 쓰세요.

5 양념한 밥을 한입 크기로 길쭉하게 뭉친 뒤 데친 깻잎 위에 올리고,

6 구운 너비아니를 올리고 깻잎을 돌돌 말아 쌈장을 약간 올려내요.

카레돈가스덮밥

돈가스집에 가면 일반 돈가스를 먹을지 카레돈가스를 먹을지 항상 망설여요.
이젠 고민하지 말고 카레랑 돈가스랑 밥이랑 다 함께 먹을 수 있게 집에서 만들자고요.
덮밥용 카레는 감자나 고기를 넣어 푸짐하게 끓이기보다는
버섯과 양파만 넣은 쪽이 잘 어울리니 소스 느낌으로 가볍게 만들어요.
카레에 폭 젖은 돈가스와 밥을 상상하니 벌써부터 입 안에 군침이 돌지 않나요?

2인분 냉동돈가스

주재료	냉동돈가스 2개, 양파 1/2개, 양송이버섯 3개, 고형카레 2조각, 우유 1/2컵, 밥 1+1/2공기
부재료	식용유 적당량, 버터 1작은술, 물 1+1/2컵, 파슬리가루 약간

1 양파는 채 썰고, 양송이는 얇게 썰고,

2 달군 팬에 식용유를 두르고 양파를 볶다가 양송이, 버터를 넣어 볶고,

3 물을 넣어 끓이다가 고형카레를 넣고 3분간 더 끓인 뒤 우유를 넣어 간과 농도를 조절해 카레소스를 만들고,

4 돈가스는 180℃로 달군 식용유에 바삭하게 튀겨 먹기 좋게 썰고,

5 그릇에 밥을 얇게 펼친 뒤 돈가스를 올리고,

6 카레소스를 붓고 파슬리가루를 뿌려내요.

김치돈가스나베

국물도 먹고 싶고 돈가스도 먹고 싶은 날,
김치돈가스나베가 여러분의 고민을 해결해드려요.
잘박하게 끓인 김치찌개에 돈가스를 퐁당 넣고 끓였더니
국물맛은 전을 넣은 찌개처럼 풍부해졌고 돈가스는 매콤하고 촉촉해져
밥반찬으로 그만이에요. 돈가스 위에 얹은 치즈를 쭉 늘려 먹는 재미도 놓치지마세요.

2인분	냉동돈가스 
주재료	냉동돈가스 2개, 김치 1컵, 양파 1/2개, 대파 1/2대, 멸치다시마육수 2컵, 피자치즈 1컵
부재료	들기름 1큰술, 고춧가루 1큰술, 국간장 1작은술, 소금 약간, 후춧가루 약간

1 김치는 굵게 채 썰고, 양파는 채 썰고, 대파는 송송 썰고,

> **쿠킹 팁**
> 김치가 흐물거릴 때까지 충분히 볶아야 찌개에 김칫국물이 잘 우러나요.

2 달군 뚝배기에 들기름를 두르고 김치, 양파를 볶다가 고춧가루, 국간장을 넣어 볶고,

3 멸치다시마육수를 붓고 끓으면 중불로 줄여 10분간 더 끓이다 소금, 후추로 간하고,

4 돈가스는 180℃로 달군 식용유에 바삭하게 튀겨 기름기를 빼고,

> **쿠킹 팁**
> 강불에서 피자치즈가 녹을 정도로 살짝 끓여주세요.

5 잘 우러난 김치찌개 위에 돈가스를 얹고 피자치즈를 올린 뒤 뚜껑 덮어 치즈를 녹이고,

6 송송 썬 대파을 올려내요.

돈가스롤

돈가스는 하얀 쌀밥과 참 잘 어울려요.
그래도 가끔 돈가스가 식상하게 느껴지면 김밥과 롤로 응용해보세요.
김밥에는 햄 대신 돈가스를 넣고, 롤에는 돈가스와 함께 각종 채소를 듬뿍 넣으면
돈가스와 밥을 색다르게 즐길 수 있어요.
반찬 없이 미소된장으로 훌훌 끓인 장국만 곁들여도 든든합니다.

2인분	냉동돈가스 
주재료	냉동돈가스 1개, 양배추 2장, 오이 1/2개, 당근 1/5개, 김밥김 2장, 밥 1+1/2공기, 단무지 2개
부재료	소금 약간, 식용유 적당량, 돈가스소스 2큰술, 머스터드 2큰술
배합초	설탕 2큰술, 식초 2큰술, 소금 1큰술

쿠킹 팁
상큼하게 먹고 싶을 땐 배합초에 절였다가 꼭 짜서 쓰세요.

1 배합초를 섞어 설탕, 소금이 완전히 녹을 때까지 전자레인지에 10초간 가열해 식히고,

2 양배추, 오이, 당근은 곱게 채 썰고,

3 채 썬 채소에 소금을 넣고 살짝 절였다 물기를 꼭 짜고,

쿠킹 팁
김의 상단 2cm를 비우고 밥을 펼치면 롤 두께가 일정해져요.

4 돈가스는 180℃로 달군 식용유에 튀겨 1cm 두께로 썰고,

5 따뜻한 밥에 배합초를 적당히 넣어 양념하고,

6 김발 위에 랩을 깔고 김을 올린 뒤 김 전체에 밥을 얇게 펴고,

7 김을 뒤집어 돈가스, 절인 채소, 단무지를 넣어 돌돌 말고,

8 롤을 도톰하게 썰어 접시에 담고 돈가스소스와 머스터드를 지그재그로 뿌려내요.

돈가스샌드위치

TV에서 자주 보던 일본의 카츠샌드, 이제 집에서도 만들 수 있어요.
하얀 식빵 대신 건강한 호밀식빵으로 구수함을 살리고요,
개운하면서도 매콤한 스프레드로 우리 가족 입맛 저격!
돈가스를 두툼하게 넣어 한 끼 식사로도 거뜬한 샌드위치랍니다.
아이들 간식이나 피크닉 도시락으로 준비하면 인기 만점이에요.

2인분	냉동돈가스 
주재료	냉동돈가스 2개, 상추 2장, 치커리 6개, 호밀식빵 4장
부재료	식용유 적당량
스프레드	마요네즈 3큰술, 돈가스소스 2큰술, 꿀 1작은술

1 스프레드를 섞고,

2 상추, 치커리는 씻어 물기를 털고,

3 돈가스는 180℃로 달군 식용유에 바삭하게 튀겨 기름기를 빼고,

4 마른 팬에 호밀식빵을 굽고,

쿠킹 팁
튀긴 돈가스가 들어가니 식빵은 버터, 기름 없이 바삭하게 구워주세요.

5 구운 식빵 한 면에 스프레드를 바르고,

6 식빵 위에 상추, 치커리, 돈가스를 올리고 다시 스프레드 바른 식빵으로 덮어 먹기 좋게 썰어내요.

쿠킹 팁
곱게 채 썬 양배추를 넣어도 좋아요. 무거운 것으로 잠시 눌렀다가 썰어주세요.

가츠동

일본의 대표적인 가정식메뉴인 가츠동은
달달한 쯔유를 넣어 육수에 돈가스를 담가 촉촉하게 익힌 요리예요.
달걀의 부드러운 촉감까지 살려 어른도 아이도 모두 잘 먹죠.
가츠동을 만들 때는 되도록 1인분씩 따로 끓여야 맛있어요.
그 외에도 쯔유 없이 맛있게 만드는 가츠동의 비법을 알려드릴게요.

2인분

냉동돈가스

주재료	냉동돈가스 2개, 양파 1/2개, 표고버섯 2장, 대파 흰 부분 1/2대, 달걀 4개, 밥 2공기
부재료	식용유 적당량
국물	다시마육수 1컵, 맛술 4큰술, 간장 3큰술, 청주 1큰술, 설탕 1큰술, 후춧가루 약간

1 양파, 표고는 채 썰고, 대파는 곱게 채 썰어 찬물에 담갔다 건지고,

2 돈가스는 180℃로 달군 식용유에 바삭하게 튀겨 기름기를 빼고,

3 냄비에 국물 재료를 넣어 끓이고,

쿠킹 팁
돈가스를 넣고 국물이 우르르 끓어오르면 불을 꺼주세요.

4 양파, 표고를 넣고 국물이 다시 끓으면 돈가스를 넣어 끓인 뒤 불을 끄고,

쿠킹 팁
1인분에 달걀 2개를 풀어 넣어주세요.

5 달걀을 풀어 돈가스와 국물 윗면에 골고루 부어 여열로 익히고,

쿠킹 팁
일곱 가지 맛을 낸다는 일본양념 시치미가루를 뿌려도 맛있어요.

6 그릇에 밥을 담고 돈가스와 국물을 올린 뒤 대파채를 얹어내요.

매운치즈돈가스

냉동돈가스가 질릴 때쯤에는 화끈하게 매운 걸 한번 먹어줘야죠.
한국인의 입맛에 맞게 입 안이 얼얼하도록 매콤하게 만든 소스와
매운맛을 중화시켜 줄 짭짤하고 고소한 치즈를 올려 두 가지 맛을 동시에 즐겨요.
돈가스만 먹기에는 섭섭하니까 김가루를 넣고 뭉친 주먹밥까지 곁들이면
오늘 먹어도 내일 또 먹고 싶을 만큼 매운돈가스에 푹 빠질 거예요.

2인분	냉동돈가스 
주재료	냉동돈가스 1개, 양파 1/2개, 청양고추 2개, 피자치즈 1/2컵
부재료	식용유 적당량, 다진 마늘 1작은술, 매운고춧가루 1+1/2큰술, 물녹말 1/2큰술, 머스터드 약간, 파슬리가루 약간
소스	돈가스소스 1/2컵, 물 3큰술, 우스터소스 1큰술, 물엿 1큰술, 고추장 1작은술

쿠킹 팁 옥수수통조림이나 다진 피망을 넣어도 맛있어요.

1 양파는 채 썰고, 고추는 길게 반 갈라 씨를 털어내 다지고,

쿠킹 팁 고춧가루가 타지 않게 약한 불에서 볶아요.

2 달군 팬에 식용유(1큰술)를 둘러 양파, 다진 마늘, 다진 고추, 매운고춧가루를 넣어 중약불에서 볶고,

3 소스를 넣고 끓이다가 물녹말로 농도를 맞추어 소스를 만들고,

4 돈가스는 180℃를 달군 식용유에 노릇하게 튀기고,

5 스테이크팬 위에 돈가스를 올린 뒤 뜨거운 소스를 듬뿍 붓고,

쿠킹 팁 더 매운맛을 원하면 청양고추를 다져서 뿌려주세요.

6 피자치즈를 올려 뚜껑을 덮고 치즈가 녹을 만큼 살짝 끓인 뒤 머스터드, 파슬리가루를 뿌려내요.

. . . .

한식이 질렸을 때를 대비해 비상식량으로 준비한 카레, 짜장, 사골육수, 라면, 파스타소스.
카레를 한 솥 끓여놓고 몇 날 며칠을 카레만 드셨던 분에게는 남은 카레와 카레가루로 만드는 다양한 요리를, 소뼈를 밤새 끓일 엄두가 나지 않았던 엄마에겐 간편한 사골육수팩으로 맛낸 대박집의 비법레시피를 알려드립니다. 또 마트 세일코너에서 자주 볼 수 있는 토마토파스타소스, 크림파스타소스로 레스토랑에 가는 대신 집에서 즐기는 세계요리도 소개해요. 이 메뉴들만 정복해도 우리 집 외식비가 훌쩍 줄어들 거예요.

Part 5.

요리계 신스틸러 재료로 맛 낸
15분 식사

카레가루   짜장(춘장)

사골육수   라면

토마토파스타소스 크림파스타소스

카레순두부찌개

순두부전문점에서 맛보곤 반해서 집에서도 종종 만들어먹는 찌개예요.
건강에 좋은 카레와 보들보들한 순두부가 예상 외로 무척 잘 어울려요.
저만의 비법이라면 순두부찌개를 만들 때처럼 고추기름에 채소를 볶다가 카레를 넣는 건데요,
고추기름의 칼칼한 맛을 카레가 폭 끌어안아 이국적인 첫맛과 한국적인 여운을 느낄 수 있답니다.
기본 순두부 재료에 카레가루만 넣으면 되니까 꽤 괜찮은 변신이죠?

2인분

주재료	카레가루 4큰술, 바지락 1/2컵, 양파 1/4개, 쪽파 1대, 순두부 1봉, 달걀노른자 1개
부재료	고추기름 1큰술, 고춧가루 1작은술, 다진 마늘 1작은술, 물 1+1/4컵, 국간장 1작은술, 후춧가루 약간

1 바지락은 해감하고, 양파는 채 썰고, 쪽파는 송송 썰고,

2 달군 뚝배기에 고추기름, 고춧가루, 다진 마늘을 볶다가 양파를 넣어 볶고,

3 순두부, 물(1컵), 바지락, 국간장을 넣어 끓이고,

4 물(1/4컵)에 카레가루를 잘 풀고,

쿠킹 팁
세게 저으면 순두부가 으깨지니 살살 저어요.

5 팔팔 끓는 순두부에 물에 푼 카레를 섞어 끓이고,

쿠킹 팁
모자란 간은 소금으로 맞추세요.

6 한소끔 끓으면 후추를 뿌리고 달걀노른자와 쪽파를 올려내요.

카레부추전

집에서 자주 먹는 부추전을 부칠 때도 반죽에 카레가루를 살짝 넣어보세요.
짙은 풀냄새와 카레의 향이 어우러져 평범한 전 한 장도 특별해져요.
특히 건보리새우를 넣어주면 이따금 바삭하게 씹히는 식감도 좋고
고소한 맛이 더해져 자꾸 집어먹게 될 거예요.
전을 부칠 때 조금 센 불에서 바삭하고 얇게 부치면 훨씬 맛있어요.

2인분

주재료	카레가루 2큰술, 부추 100g, 건보리새우 1/4컵
부재료	부침가루 1/2컵, 튀김가루 1/2컵, 찬물 1컵, 식용유 적당량

1 부추는 씻어 3cm 길이로 썰고,

2 볼에 부침가루, 튀김가루, 카레가루, 물을 넣어 반죽을 만들고,

쿠킹 팁
건보리새우의 크기가 크면 살짝 다져서 넣어주세요.

3 반죽에 건보리새우, 부추를 넣어 섞고,

쿠킹 팁
초간장 2큰술, 식초 2작은술, 물 1작은술을 섞어 만든 초간장을 곁들여드세요.

4 달군 팬에 식용유를 두르고 반죽을 앞뒤로 노릇하게 부쳐내요.

마카로니카레샐러드

마요네즈에 버무린 마카로니샐러드는 부드럽고 촉촉한 맛이 일품이지요.
하지만 많이 먹다 보면 다소 느끼한 맛에 금방 질리곤 하는데요,
여기에 카레가루를 조금만 넣으면 카레향이 느끼한 맛을 감쪽같이 없애줘요.
쫄깃한 마카로니와 함께 알알이 톡톡 터지는 옥수수알, 아삭한 피망과 사과를 넣었으니
입 안에서 다채로운 식감을 즐겨보세요.

2인분

주재료	마카로니 1컵, 사과 1/4개, 피망 1/4개, 옥수수통조림 1/2컵
소스	카레가루 1큰술, 마요네즈 4큰술, 플레인요거트 3큰술, 설탕 2큰술, 씨겨자 2큰술, 꿀 1큰술, 소금 1/2작은술, 후춧가루 약간

카레가루

쿠킹 팁
물 5컵에 소금 1큰술을 넣고 삶아주세요.

1 끓는 물에 마카로니를 삶아 체에 밭쳐 식히고,

쿠킹 팁
오이나 당근을 썰어 넣거나 햄을 끓는 물에 살짝 데쳐 넣어도 좋아요.

2 사과는 껍질째 깍둑 썰고, 피망은 굵게 다지고, 옥수수는 체에 밭쳐 물기를 빼고,

3 소스를 섞고,

4 모든 재료를 섞어 소스에 버무려내요.

토르티야카레치즈딥

토르티야는 속재료를 넣고 돌돌 말아 먹어도 편하지만
바삭하게 구우면 과자처럼 맛있어서 꽤 괜찮은 간식과 술안주가 돼요.
이때 그냥 먹기보다는 딥소스에 찍어 먹으면 훨씬 맛있는데요,
치즈에 카레가루를 뿌려 향긋하고 감칠맛 나게 요리해보았어요.
토르티야를 구울 때 치즈가루 대신 버터와 설탕, 계핏가루를 뿌려서 구워도 색달라요.

2인분

주재료	토르티야 1장
부재료	올리브유 1큰술, 파르메산치즈가루 1큰술, 파슬리가루 1큰술
카레치즈딥	카레가루 1+1/2큰술, 우유 8큰술, 슬라이스치즈 2장

쿠킹 팁
오븐이 없을 땐 올리브유를 바른 토르티야를 프라이팬에 구운 뒤 토르티야가 뜨거울 때 치즈가루와 파슬리가루를 재빨리 뿌려주세요.

1 토르티야는 먹기 좋게 8등분 하고,

2 토르티야에 올리브유를 앞뒤로 바른 뒤 파르메산치즈가루, 파슬리가루를 뿌려 170℃의 오븐에 8분간 굽고,

쿠킹 팁
우유가 쉽게 타거나 눌러 붙을 수 있으니 중약불을 유지하세요.

3 냄비에 우유를 넣고 중약불에서 끓여 가장자리가 보글보글 끓어오르면 슬라이스치즈를 넣어 녹이고,

4 카레가루를 섞어 약불에서 한소끔 더 끓여 딥소스를 만든 뒤 토르티야 칩과 함께 내요.

카레불닭

카레는 특유의 독특한 향이 있어 생선의 비린내는 물론 고기의 누린내까지 잘 잡아줘요.
특히 닭고기와는 궁합이 잘 맞아 닭고기카레 외에도 볶음요리 등에 자주 쓰이죠.
저는 매콤한 불닭양념에 카레가루를 넣고 떡볶이떡도 추가해
닭갈비인 듯 불닭인 듯 매콤하고 향기로운 닭요리를 만들어보았어요.
매운맛을 중화시키고 싶다면 피자치즈를 곁들여 먹는 것도 좋은 방법이에요.

4인분  카레가루

주재료	닭다리살 5장, 떡볶이떡 1컵, 옥수수통조림 2큰술
부재료	고추기름 1/2큰술, 파슬리가루 약간
양념장	카레가루 2큰술, 청양고춧가루 3큰술, 고추장 3큰술, 간장 2큰술, 맛술 2큰술, 황설탕 1큰술, 다진 마늘 1큰술, 참기름 1큰술, 다진 생강 1/2작은술, 후춧가루 1/3작은술

1 양념장을 섞고,

쿠킹 팁
닭고기에서 잡냄새가 날 땐 우유에 30분간 담갔다가 사용하세요.

2 닭다리살은 한입 크기로 썰고,

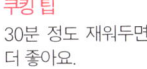

쿠킹 팁
30분 정도 재워두면 더 좋아요.

3 닭다리살에 양념장을 넣어 버무리고,

4 끓는 물에 떡볶이떡을 넣어 데치고, 옥수수는 국물을 따라내고,

쿠킹 팁
중약불에서 볶아야 양념이 타지 않아요.

5 달군 팬에 고추기름을 두르고 양념한 닭고기를 볶다가 떡을 넣어 볶고,

쿠킹 팁
불닭전문점처럼 달군 무쇠팬에 피자치즈를 녹인 뒤 불닭을 얹어 먹어도 맛있어요.

6 옥수수와 파슬리가루를 뿌려내요.

카레볶음우동

저희 집에선 카레를 한 솥 끓여서 먹다 남았을 때 꼭 해먹는 메뉴가 있어요.
아마 일본드라마에서 많이 보셨을 텐데요, 남은 카레에 데친 우동을 넣어 만든 우동이에요.
너무 맛있어서 묽은 카레소스를 따로 만들어서 우동을 넣어 먹기도 하죠.
하루는 이자카야의 인기메뉴 볶음우동을 만들 때 쯔유 대신 카레가루를 넣어봤더니
아이들 반응이 너무 좋았어요. 역시 카레는 아이들 입맛을 사로잡는 양념이 틀림없나 봐요.

2인분  카레가루

주재료	우동 2봉, 냉동새우(중하) 8마리, 애호박 1/4개, 양파 1/2개, 홍피망 1/4개, 청피망 1/4개, 죽순통조림 1조각
부재료	카레가루 3큰술, 식용유 1큰술, 다진 마늘 1/2큰술, 소금 약간, 맛술 2큰술, 간장 1큰술, 후춧가루 약간

1 끓는 물에 우동을 넣고 삶아 체에 밭쳐 물기를 빼고,

> **쿠킹 팁**
> 죽순통조림은 흐르는 물에 헹궈 하얀 석회질을 제거하세요.

2 새우는 해동하고, 호박은 반달 썰고, 양파, 피망은 채 썰고, 죽순은 모양 살려 썰고,

3 달군 팬에 식용유를 둘러 다진 마늘을 볶다가 양파, 호박, 죽순을 넣어 볶고,

4 새우, 피망을 넣고 소금으로 간해 볶고,

5 데친 우동, 맛술, 간장을 넣어 볶다가 카레가루, 후추를 넣고 볶아내요.

카레피클

피클은 파스타와 피자를 먹을 때는 물론 떡볶이나 만두에도 참 잘 어울려요.
집에서 만들면 첨가물 없이 건강하게, 먹고 싶은 재료를 마음껏 넣을 수 있지요.
저는 카레가루와 셀러리를 넣어 색과 향을 업그레이드 시켰어요.
독특한 향이 어떤 음식과도 잘 어울려 한입 한입 입맛을 살려주더라고요.
이젠 피클을 만들 때도 남들과 다르게 만들어봐요.

2인분	카레가루
주재료	백오이 2개, 양파 1/2개, 셀러리 2대, 청양고추 2개
부재료	카레가루 1+1/2큰술, 물 1컵, 설탕 1/2컵, 식초 1/2컵, 소금 1큰술, 피클링스파이스 1큰술

1 오이, 청양고추는 도톰하게 동글 썰고, 양파는 가로로 2등분해 채 썰고, 셀러리는 어슷 썰고,

2 소독한 유리병에 모든 재료를 담고,

쿠킹 팁
설탕이 완전히 녹을 만큼만 끓여주세요.

3 냄비에 물, 설탕, 식초, 소금을 넣고 끓어오르면 피클링스파이스와 카레가루를 넣어 끓이고,

쿠킹 팁
밀봉한 뒤 반나절 실온에 두었다가 냉장실에 하룻밤 차게 보관한 후에 드세요.

4 절임액이 뜨거울 때 유리병에 붓고 윗면이 뜨지 않게 눌러준 뒤 뚜껑을 닫아 숙성시켜내요.

해물짜장덮밥

어른도 아이도 모두가 좋아하는 짜장을 집에서 만들기 어렵다고 생각하시는데요,
알고 보면 카레만큼 쉬운 게 짜장이에요.
식용유와 설탕을 넣어 윤기 나게 볶은 춘장만 있으면
짜장면, 짜장밥, 짜장볶음 등 다양한 짜장요리를 만들 수 있어요.
오늘은 밀가루면 대신 해물 듬뿍 넣은 짜장밥으로 가족의 입맛을 사로잡아 볼까요?

2인분	
주재료	양배추 50g, 호박 1/5개, 양파 1/2개, 청양고추 1개, 대파 1/4대, 돼지고기 70g, 냉동해물믹스 2컵
부재료	식용유 약간, 다진 생강 1/4작은술, 청주 1큰술, 굴소스 1/2큰술, 간장 1작은술, 뜨거운 물 1/2컵, 물녹말 1~2큰술, 참기름 약간
춘장양념	춘장 2+1/2큰술, 식용유 3큰술, 설탕 1+1/2큰술

짜장(춘장)

1 양배추, 호박, 양파는 네모나게 썰고, 청양고추, 대파는 송송 썰고,

2 돼지고기는 채 썰고, 냉동해물믹스는 해동하고,

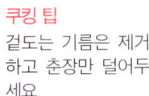
쿠킹 팁
걸도는 기름은 제거하고 춘장만 덜어두세요.

3 달군 팬에 춘장양념을 넣고 약불에서 윤기 나게 볶아 춘장을 덜어두고,

4 달군 팬에 식용유를 두르고 대파, 다진 생강, 돼지고기를 볶다가 양배추, 양파, 호박을 넣어 볶고,

쿠킹 팁
아이가 먹는다면 청양고추를 빼주세요.

5 양배추가 살짝 익으면 해물믹스, 청양고추를 넣고 볶은 춘장, 청주, 굴소스, 간장을 넣어 볶고,

6 뜨거운 물을 넣어 바글바글 끓으면 물녹말로 농도를 맞춘 뒤 참기름을 두르고 밥 위에 얹어내요.

쿠킹 팁
꼭 끓는 물을 넣어주세요. 그래야 해물이 질겨지지 않게 빨리 조리돼요.

돼지고기짜장볶음

인천 차이나타운이나 연남동, 건대 등 중국요리 좀 한다고 하는 동네에 가면
경장육사라는 생소한 메뉴를 볼 수가 있어요.
춘장에 돼지고기를 볶아 포두부와 채소를 곁들여 싸먹는 음식인데요,
짜장과 돼지고기의 맛이 너무 잘 어울려 식구들 밥반찬으로 응용해보았어요.
짜장으로 맛을 낸 고기볶음과 아삭한 채소 한입이면 하루의 피로가 싹 풀리는 것 같아요.

2인분		짜장(춘장)
주재료	돼지고기 300g, 양배추 80g, 양파 1/2개, 오이 1/2개, 대파 1대	
부재료	식용유 1큰술, 다진 마늘 1작은술, 굴소스 1/2큰술, 후춧가루 약간	
고기양념	청주 1큰술, 녹말가루 1큰술, 다진 생강 1/2작은술	
춘장양념	춘장 3큰술, 식용유 4큰술, 설탕 1+1/2큰술	

쿠킹 팁
채 썬 대파를 찬물에 담가두면 매운맛이 빠지고 싱싱해져요.

1 돼지고기, 양배추, 양파는 채 썰고, 오이는 곱게 채 썰고, 대파는 채 썰어 찬물에 담갔다 건지고,

2 채 썬 돼지고기는 고기양념으로 버무리고,

쿠킹 팁
겉도는 기름은 제거하고 춘장만 덜어두세요.

3 달군 팬에 춘장양념을 넣고 약불에서 윤기 나게 볶아 춘장을 덜어두고,

4 달군 팬에 식용유를 둘러 다진 마늘을 볶다가 양념한 고기를 넣어 볶고,

쿠킹 팁
밀가루와 물을 1:1로 반죽해서 밀전병을 얇게 부쳐 곁들이면 맛있어요.

5 양배추, 양파를 넣고 볶은 춘장, 굴소스, 후추를 넣어 볶은 뒤 오이채, 대파채를 곁들여내요.

쟁반짜장

쟁반짜장은 저에게 있어 참 정다운 요리예요.
큰 접시에 담아 온 가족이 함께 나눠 먹을 수 있으니 보기에도 푸짐하고 다정하잖아요.
집에서도 고추기름을 넣어 칼칼하게, 그리고 좋아하는 해물을 듬뿍 넣어 넉넉하게 만들어봐요.
가족끼리 단란하게 모여 앉아 면을 호로록호로록~
서로 입가에 묻은 짜장을 보며 어느덧 식탁에 웃음꽃이 필 거예요.

2인분 짜장(춘장)

주재료	돼지고기 200g, 양파 1/2개, 호박 1/5개, 청경채 2개, 냉동새우 10마리, 생중면 250g
부재료	식용유 2큰술, 다진 파 4큰술, 다진 마늘 1/2큰술, 다진 생강 1/3작은술, 간장 1큰술, 굴소스 1큰술, 끓는 물 2/3컵, 치킨스톡 1개, 녹말물 1~2큰술, 고추기름 1큰술
춘장양념	춘장 2큰술, 식용유 2큰술, 설탕 1큰술

1 돼지고기, 양파, 호박은 굵게 다지고, 청경채는 굵게 채 썰고, 냉동새우는 해동하고,

2 달군 팬에 춘장양념을 넣고 약불에서 윤기 나게 볶아 춘장을 덜어두고,

3 끓는 물에 생중면을 삶은 뒤 찬물에 헹궈 체에 밭쳐 물기를 빼고,

> **쿠킹 팁**
> 채소가 무르지 않도록 강불에서 재빨리 볶아내요.

4 달군 팬에 식용유를 두르고 다진 파, 다진 마늘, 다진 생강을 볶다가 돼지고기를 넣어 볶고,

5 호박, 양파, 새우를 넣어 볶다가 볶은 춘장, 간장, 굴소스를 넣어 볶고,

6 끓는 물, 치킨스톡을 넣어 한소끔 끓이고,

7 삶은 면과 청경채를 넣어 볶다가 녹말물로 농도를 맞춘 뒤 고추기름을 둘러내요.

명동칼국수

명동에 있는 어느 칼국수집에 가면 중국인 관광객이 길게 늘어서 있는 진풍경을 보곤 해요.
이젠 긴 줄 때문에 쉽게 들어가지 못하니까 집에서 명동칼국수를 재연해볼게요.
불맛이 나도록 강한 불에서 살짝 볶은 채소를 사골칼국수 위에 올려 먹으면
자꾸자꾸 먹고 싶은 명동칼국수의 진한 그 맛을 고스란히 느낄 수 있답니다.

2인분	사골육수
주재료	사골육수 5컵, 호박 1/4개, 양파 1/4개, 다진 소고기 100g, 생칼국수면 300g
부재료	식용유 약간, 다진 마늘 1작은술, 국간장 1큰술, 소금 약간, 후춧가루 약간
소고기밑간	간장 1큰술, 다진 파 1큰술, 설탕 1작은술, 다진 마늘 1작은술, 참기름 약간, 후춧가루 약간

1 호박, 양파는 채 썰고, 소고기는 소고기밑간으로 버무리고,

2 달군 팬에 식용유를 두르고 소고기를 볶고,

3 고기가 거의 익으면 호박, 양파를 넣고 볶아 덜어두고,

4 냄비에 사골육수를 넣고 끓으면 다진 마늘, 국간장으로 간하고,

5 생칼국수면을 넣고 끓으면 소금, 후추로 간한 뒤 소고기채소볶음을 올려내요.

쿠킹 팁
흐르는 물에 생칼국수면에 묻은 전분을 씻어서 쓰면 국물이 걸쭉해지지 않아요.

사골떡만둣국

파 송송 썰어 넣으면 밥과 함께 먹어도 맛있고, 다양한 요리의 밑국물로 쓰이는 사골육수.
진한 감칠맛을 내는 사골육수는 한 번 끓이려면 큰맘 먹고 오랜 시간 동안 불 앞을 지켜야 해요.
다행히 요즘엔 시판제품도 잘 나와서 고생 없이 맛난 국물요리를 만들 수 있게 되었어요.
육수가 너무 진하다고 느껴지면 물을 조금 섞어서 사용하세요.

2인분	사골육수
주재료	사골육수 3+1/2컵, 떡국떡 400g, 쪽파 1대, 마른 김 1/2장, 냉동왕만두 4개
부재료	다진 마늘 1작은술, 국간장 1작은술, 소금 약간, 후춧가루 약간

1 떡국떡은 찬물에 잠깐 담가놓고,

2 쪽파는 송송 썰고, 김은 가늘게 오리고,

쿠킹 팁
국간장은 많이 넣으면 국물색이 변해요. 약간만 넣어 깊은 맛을 내고 모자란 간은 소금으로 맞추세요.

3 냄비에 사골육수를 넣고 끓으면 다진 마늘, 국간장, 소금으로 간한 뒤 만두를 넣어 끓이고,

쿠킹 팁
떡은 오래 끓이면 풀어지니 위로 떡이 모두 떠오르면 불을 끄세요.

4 만두가 떠오르기 시작하면 떡을 넣고 끓여 그릇에 담은 뒤 쪽파, 김, 후추를 약간 뿌려내요.

나가사키짬뽕

뽀얗고 진한 사골베이스에 해산물과 채소를 듬뿍 넣고 만든 나가사키짬뽕은
이자카야의 대표메뉴예요. 요즘은 시판라면으로도 그 맛이 재연될 만큼 큰 인기를 누리고 있죠.
고춧가루를 넣지 않았는데도 칼칼한 데다 진한 사골육수에 깊게 밴 해물의 향,
숙주와 배추의 부드러운 단맛까지, 그 누가 이 요리를 마다할 수 있을까요?
집에서 푸짐하게 끓여내 아이와 남편에게 100점 만점에 100점 좀 받아볼까요?

2인분	사골육수 
주재료	사골육수 5컵, 생소면 250g, 냉동해물믹스 2컵, 숙주 100g, 청양고추 2개, 대파 1/2대, 배추 2장, 양파 1/4개, 당근 1/5개, 베이컨 3장, 쥐똥고추 5개
부재료	식용유 1큰술, 다진 마늘 1큰술, 다진 생강 1/2작은술, 참치액 1큰술, 소금 약간, 후춧가루 약간

쿠킹 팁
면은 미리 삶아주세요. 짬뽕을 만든 후에 삶으면 짬뽕 속 채소의 숨이 죽어요.

1 끓는 물에 생소면을 삶아 찬물에 헹군 뒤 체에 밭치고,

2 냉동해물믹스는 해동하고,

3 숙주는 씻고, 고추, 대파는 어슷 썰고, 배추, 양파, 당근, 베이컨은 채 썰고,

쿠킹 팁
강불에서 재빨리 볶아주세요.

4 달군 팬에 식용유를 두르고 다진 마늘, 다진 생강, 쥐똥고추를 넣어 볶다가 베이컨-배추-양파-당근 순으로 볶고,

쿠킹 팁
팔팔 끓는 육수를 넣어야 해물이 질겨지지 않아요.

5 해물믹스, 참치액을 넣어 볶다가 뜨거운 사골육수를 붓고 끓으면 소금, 후추로 간하고,

6 숙주, 대파, 청양고추를 넣어 한소끔 더 끓으면 국수를 뜨거운 물로 토렴해 그릇에 담고 짬뽕국물을 담아내요.

봉골레라면

아이들에게 파스타를 해주겠다고 큰소리쳤는데, 아뿔싸! 파스타가 똑 떨어진 거 있죠.
그럴 땐 파스타 대신 라면을 꼬들꼬들, 탱글탱글하게 삶아요. 그리고 마늘과 건고추로 향을 내고
모시조개, 바지락을 듬뿍 넣어서 라면에 조개맛이 쏙쏙 밴 봉골레라면파스타를 해주죠.
인스턴트라면이지만 재료와 조리방법으로 요리의 품격이 달라지는 폼 나는 요리랍니다.

2인분 | 라면

주재료	라면 2개, 모시조개 2봉, 바지락 2봉, 마늘 4쪽, 건고추 3개
부재료	올리브유 3큰술, 화이트와인 4큰술, 물 2~4큰술, 소금 약간, 후춧가루 약간, 파슬리가루 약간

1 조개는 소금물에 해감하고, 마늘은 편 썰고, 건고추는 작게 자르고,

쿠킹 팁
라면은 통통한 면을 사용해서 약간 덜 삶아주세요.

2 끓는 물에 라면을 삶아 건진 뒤 올리브유(1/2큰술)에 버무리고,

3 달군 팬에 올리브유(2큰술)를 두르고 마늘, 건고추를 볶다가 조개, 와인을 넣고 뚜껑 덮어 강불에서 익히고,

4 조개가 입을 벌리면 삶은 라면을 넣고 물 2~4큰술을 넣어가며 자작하게 간이 배도록 익히고,

5 소금, 후추로 간하고 그릇에 담은 뒤 올리브유(1/2큰술), 파슬리가루를 뿌려내요.

라볶이

한국인이 뽑은 최고의 간식이 떡볶이라지만
저희 식구들은 떡볶이에 라면이 빠지면 너무너무 서운해해요.
떡볶이국물이 라면과 함께 매끈하게 넘어가는 그 맛을 포기할 수 없다나요?
그래서 떡이 안 들어간 라볶이도 자주 해먹어요. 채소, 어묵, 메추리알까지 푸짐하게 넣어서요.
진하게 우린 멸치다시마육수를 사용하면 조미료가 없어도 맛있는 떡볶이와 라볶이를 만들 수 있어요.

2인분   라면

주재료	라면 2개, 사각어묵 1장, 양배추 1장, 양파 1/4개, 대파 1/2대, 멸치다시마육수 3컵, 메추리알 8개
양념장	고추장 3큰술, 올리고당 2큰술, 고춧가루 1큰술, 설탕 1큰술, 간장 1큰술, 다진 마늘 1작은술, 소금 약간, 후춧가루 약간

쿠킹 팁
시판삶은메추리알을 쓰면 편리해요.

1 양념장을 섞고,

2 어묵은 먹기 좋게 썰고, 양배추, 양파는 채 썰고, 대파는 어슷 썰고, 메추리알은 삶아 껍질을 벗기고,

3 팬에 멸치다시마육수를 넣고 끓으면 양념장, 어묵, 양배추, 양파, 라면을 넣어 끓이고,

4 라면이 거의 다 익으면 메추리알, 대파를 넣고 한소끔 더 끓여내요.

땅콩소스라면샐러드

날씨가 푹푹 찌거나 국물 없이 산뜻한 요리가 먹고 싶은 날이면
이국적인 땅콩소스와 각종 채소, 해산물을 넣고 버무린 라면샐러드가 생각나요.
월남쌈이나 샤브샤브에서 소스로만 찍어 먹던 땅콩소스를
조금 더 신경 써서 맛있게 만들면 야들야들한 라면과도 궁합이 딱 맞아요.
먹다 보면 라면과 채소, 땅콩소스의 감미로운 맛이 입에 착착 붙을 거예요.

2인분

주재료	라면 1개, 냉동해물믹스 1컵, 양파 1/4개, 오이 1/4개, 블랙올리브 3개, 방울토마토 4개, 샐러드채소 2컵, 슬라이스아몬드 1큰술
땅콩소스	두유 1컵, 식초 1/4컵, 통깨 3큰술, 포도씨유 3큰술, 땅콩버터 2큰술, 설탕 1+1/2큰술, 간장 1/2큰술, 소금 1/2작은술

1 믹서에 땅콩소스를 넣고 곱게 갈아 냉장실에서 차게 식히고,

2 냉동해물믹스는 찬물에 담가 해동해 끓는 물에 데쳐 차게 식히고,

3 양파는 채 썰고, 오이, 올리브는 동글 썰고, 방울토마토는 2등분하고, 샐러드믹스는 잘 씻고,

쿠킹 팁
소금을 약간 넣고 삶아 주세요.

4 끓는 물에 라면을 삶아 찬물에 헹군 뒤 물기를 빼고,

5 해물, 라면에 땅콩소스를 1/4컵 정도 넣어 버무리고,

쿠킹 팁
소스의 양이 넉넉하니 한 번에 다 넣지 말고 입맛 따라 가감하세요.

6 접시에 라면, 채소를 올리고 소스를 적당히 뿌린 뒤 슬라이스아몬드, 올리브를 올려내요.

굴짬뽕라면

예전엔 라면도 건강하게 먹이겠다고 분말수프도 안 쓰고 면도 따로 삶아 기름기를 빼고 상에 냈지만
돌아오는 건 아이들의 원성뿐이었어요. 그래서 그 후로는 라면을 끓일 때
이왕이면 라면 맛은 그대로 살리면서 좋은 재료를 듬뿍 넣어서 끓여요.
요즘엔 짬뽕라면이 대세니까 고추기름으로 채소를 달달 볶아 향을 내고
숙주와 굴을 넣어 시원하고 담백한 맛까지 내면 보통 라면보다 훨씬 근사하겠죠?

라면

2인분

주재료	라면 2개, 굴 200g, 숙주 100g, 양파 1/2개, 호박 1/4개, 대파 1/2대, 청경채 2포기
부재료	식용유 2큰술, 라면분말수프 2봉, 다진 마늘 1큰술, 고춧가루 1큰술, 다진 생강 1/2작은술, 끓는 물 5컵

쿠킹 팁
굴은 소금물에 흔들어 가며 씻어주세요.

1 숙주는 씻고, 양파, 호박, 대파, 청경채는 채 썰고,

2 달군 팬에 식용유를 두르고 라면분말수프, 다진 마늘, 고춧가루, 다진 생강, 대파를 볶아 향을 내고,

쿠킹 팁
채소가 무르지 않고 빨리 끓을 수 있도록 끓는 물을 넣어주세요.

3 양파, 호박을 넣어 볶다가 뜨거운 물을 부어 끓이고,

4 국물이 끓으면 라면을 넣고,

5 라면이 반쯤 익으면 굴을 넣고 한소끔 끓인 뒤 숙주, 청경채를 올려내요.

매콤뚝배기파스타

요즘에는 시판파스타소스가 잘 나와서 이것만 가지고도 맛있는 파스타를 완성할 수 있어요.
또 여기에 약간의 아이디어만 더해도 한층 근사하고 색다른 파스타를 만들 수 있죠.
저는 토마토파스타에 고추장을 더해서 한국적이면서 칼칼한 맛을 살렸는데요.
이 파스타를 보글보글 끓는 뚝배기에 담아내니 참 잘 어울리네요.
매콤하고 넉넉한 소스가 우리 입맛에도 잘 맞아 남편의 해장용 파스타로도 딱이에요.

2인분

주재료	토마토파스타소스 1+1/2컵, 펜네 150g, 닭안심 2장, 양송이버섯 2개, 양파 1/2개, 베이컨 2장, 블랙올리브 3개, 청양고추 1개, 마늘 2쪽
부재료	올리브유 1큰술, 끓는 물 2컵, 고추장 1큰술, 버터 1큰술, 파슬리가루 약간

토마토파스타소스

1 끓는 물 5컵에 펜네를 삶아 건지고,

2 닭안심, 버섯은 먹기 좋게 썰고, 양파, 베이컨은 채 썰고, 올리브, 고추는 송송 썰고, 마늘은 편 썰고,

3 달군 뚝배기에 올리브유를 두르고 마늘을 볶다가 닭안심-베이컨-양파-양송이-올리브 순으로 넣어 볶고,

쿠킹 팁
모자란 간은 소금으로 맞추세요.

4 끓는 물, 토마토소스, 고추장을 넣어 끓이고,

5 펜네를 넣고 한소끔 끓으면 버터를 넣고 고추, 파슬리가루를 뿌려내요.

토마토소스해물찜

다양한 해산물에 콩나물을 넣고 매운 양념으로 볶아낸 한국식해물찜은 익숙하실 거예요.
오늘은 같은 재료, 다른 양념으로 이탈리안레스토랑에서 만날 수 있는
근사한 요리를 선보이려고 해요. 싱싱한 해물을 손질해서 마늘, 양파와 함께 볶다가
토마토소스를 넣고 끓여주면 와인, 샴페인, 맥주와 궁합이 너무 좋은 토마토해물찜이 되죠.
펜네나 푸실리 등의 파스타를 삶아 소스와 곁들여 먹어도 좋답니다.

2인분

토마토파스타소스

주재료	토마토파스타소스 1컵, 오징어몸통 1마리, 홍합 200g, 냉동새우 6마리, 마늘 2쪽, 양파 1/4개
부재료	올리브유 2큰술, 화이트와인 2큰술, 파슬리가루 약간

1 오징어는 링 모양으로 썰고, 홍합은 불순물을 떼고, 새우는 해동하고.

2 마늘은 편 썰고, 양파는 채 썰고.

3 달군 팬에 올리브유를 두르고 마늘, 양파를 볶아 향을 내고.

4 모든 해물을 넣고 강불에서 볶다가 화이트와인을 넣어 볶고.

5 해물이 거의 익으면 토마토소스를 넣고 한소끔 끓인 뒤 파슬리가루를 뿌려내요.

포테이토피자

저는 우리나라에서 비싸게 파는 음식 중의 하나가 피자라고 생각해요.
가끔 피자를 배달시켜 먹을 때마다 생각보다 비싼 가격에 새삼 놀라곤 하죠.
그래서 집에는 토르티야와 토마토파스타소스가 항시 대기 중이에요.
얇은 토르티야 도우 위에 소스를 바르고 감자를 얹어주면 담백한 포테이토피자가 되거든요.
술안주, 간식, 한 끼 식사로도 가능한 피자를 집에서 간편하게 즐겨보세요.

2인분

주재료	토마토파스타소스 3큰술, 감자 2개, 베이컨 2장, 토르티야 2장, 피자치즈 1컵, 파르메산치즈가루 1/4컵, 로즈마리 약간
감자밑간	버터 1/2큰술, 올리브유 1작은술, 소금 약간, 백후춧가루 약간

쿠킹 팁
소금을 약간 넣고 삶아 절반만 익혀주세요.

1 감자는 둥글고 얇게 썬 뒤 끓는 물에 1분간 삶아 건지고,

2 삶은 감자는 감자밑간으로 버무리고,

3 마른 팬에 베이컨을 바삭하게 구운 뒤 키친타월에 올려 기름기를 뺀 다지고,

쿠킹 팁
토르티야 2장을 겹치면 도우가 도톰해져서 피자를 구운 뒤에도 늘어지지 않아요.

4 토르티야 위에 피자치즈(1/4컵)를 뿌려 다시 토르티야로 덮은 뒤 200℃의 오븐에서 5분간 굽고,

5 구운 토르티야 위에 토마토소스를 바르고 남은 피자치즈(1/2컵)를 얹은 뒤 다진 베이컨을 뿌리고,

쿠킹 팁
오븐이 없을 땐 감자를 완전히 익혀 사용해요. 프라이팬에 토핑 올린 피자를 올려 뚜껑을 닫은 뒤 중약불에서 치즈가 녹을 만큼만 익히세요.

6 감자를 얹고, 남은 피자치즈(1/4컵), 파르메산치즈가루, 로즈마리를 뿌려 220℃의 오븐에서 10분간 구워내요.

크림소스홍합찜

연말 파티나 생일, 혹은 와인 한잔이 생각나는 날이면
시판크림파스타소스를 사용해 정말 쉽고 맛있는 프랑스요리를 만들어요.
쫄깃한 홍합살 부드럽고 고소한 소스에 바게트를 찍어 먹다 보면
마치 프랑스로 여행을 온 것 같은 기분이 들어요.
프랑스요리는 어렵고 시간이 많이 걸린다는 편견을 깨줄 초간단 홍합찜, 강추합니다.

2인분	크림파스타소스
주재료	크림파스타소스 1컵, 홍합 500g, 마늘 3쪽, 양파 1/4개, 셀러리 1/4대, 페페론치노 3개
부재료	올리브유 1큰술, 화이트와인 1큰술, 파슬리가루 약간

1 홍합은 껍질의 이물질, 수염을 제거해 깨끗이 닦고,

2 마늘은 편 썰고, 양파, 셀러리, 페페론치노는 다지고,

쿠킹 팁
이탈리아의 건고추 페페론치노나 태국 쥐똥고추를 써도 좋아요.

3 달군 냄비에 올리브유를 둘러 마늘을 볶다가 페페론치노, 양파, 셀러리를 넣어 볶고,

4 홍합, 화이트와인을 넣고 뚜껑을 닫아 홍합이 입을 벌릴 때까지 끓이고,

5 크림소스를 넣고 한소끔 더 끓이고,

6 그릇에 담아 파슬리가루를 뿌려내요.

쿠킹 팁
생 파슬리를 직접 다져서 쓰면 향이 훨씬 좋아요.

단호박크림파스타

크림파스타를 더 달콤하고 맛있게, 더 영양가 있게 먹을 수 있는 방법이 있어요.
크림소스에 단호박을 쪄서 갈아 넣으면 부드러운 맛은 배가 되고
색깔은 또 얼마나 예뻐지는지, 가족 모두 엄지손가락을 치켜세우며 감탄을 하죠.
소스도 듬뿍 먹어야 맛있으니까 면에 소스가 많이 묻을 수 있도록
페투치네처럼 넓적한 파스타를 사용하세요.

2인분		크림파스타소스
주재료	크림파스타소스 1+1/2컵, 단호박 1/2개, 냉동새우 8마리, 마늘 2쪽, 양파 1/4개, 어린잎채소 1/2컵, 페투치네 200g	
부재료	우유 1/4컵, 올리브유 1큰술, 소금 약간, 후춧가루 약간	

1 단호박은 껍질을 벗겨 씨를 제거하고, 냉동새우는 해동하고, 마늘은 편 썰고, 양파는 채 썰고, 어린잎채소는 잘 씻고,

2 김 오른 찜기에 단호박을 넣어 찐 뒤 냄비에 단호박, 우유를 넣고 블렌더로 곱게 갈아 단호박퓌레를 만들고,

쿠킹 팁 단호박을 작게 썰어 물에 한 번 헹군 뒤 그릇에 담아 전자레인지에 4~5분간 익혀도 좋아요.

3 끓는 물에 페투치네를 삶아 건지고,

4 달군 팬에 올리브유를 두르고 새우를 구워 덜어두고,

쿠킹 팁 브로콜리나 관자, 버섯 등을 넣어도 좋아요.

5 새우 굽던 팬에 마늘을 볶다가 양파를 넣어 볶은 뒤 크림소스, 단호박퓌레를 넣어 끓이다 소금으로 간하고,

쿠킹 팁 소스가 너무 되직하면 파스타 삶은 물을 조금만 넣어주세요.

6 페투치네, 새우를 넣고 볶다가 후추를 뿌리고 어린잎채소를 올려내요.

불고기도리아

반찬으로 먹기에는 부족하다 싶을 정도로 불고기 양이 애매하게 남았다면
저는 고민 없이 채소를 다져 넣고 담백한 불고기볶음밥을 만들어요.
볶음밥만 먹어도 맛있지만 볶음밥에 고소한 크림소스와 피자치즈를 더해 구워주면
패밀리레스토랑에서 먹었던 근사한 도리아가 뚝딱 만들어지거든요.
저를 따라서 뚝딱 요리하다 보면 어느새 요리 한 그릇이 뚝딱 비워질 걸요?

2인분　　　　　　　　　　　　　　　　　　　　　　　　　　　　　　　　　　　　크림파스타소스

주재료	크림파스타소스 1/2컵, 김치 1/3컵, 양파 1/4개, 당근 1/5개, 표고버섯 1개, 소불고기 1컵, 밥 2공기, 피자치즈 1컵
부재료	버터 1큰술, 식용유 1큰술, 파르메산치즈가루 2큰술, 파슬리가루 약간

1 김치는 물에 헹궈 물기를 꼭 짠 뒤 양파, 당근, 표고와 함께 다지고, 불고기는 따로 다지고.

2 달군 팬에 버터와 식용유를 두르고 다진 김치와 채소를 볶고.

쿠킹 팁
불고기에 양념이 되어 있으니 간은 따로 하지 않아요.

3 다진 불고기와 밥을 넣어 함께 볶고.

4 내열용기에 불고기볶음밥을 담은 뒤 크림소스를 윗면에 바르고.

쿠킹 팁
200℃의 오븐에 10분 정도 구워도 좋아요.

5 피자치즈, 파르메산치즈가루, 파슬리가루를 뿌린 뒤 전자레인지에 넣고 치즈가 녹을 때까지 가열해내요.

Index 가나다순

ㄱ

가츠동 · 300
고등어김치말이찜 · 210
고등어쌈장 · 208
고등어엿장조림 · 206
고추장두부찌개 · 052
골뱅이마늘튀김 · 232
골뱅이묵무침 · 234
골뱅이발사믹샐러드 · 238
골뱅이비빔쫄면 · 230
골뱅이채소볶음 · 236
골뱅이콩나물무침 · 240
교리김밥 · 046
구운연어덮밥 · 196
군만두샐러드 · 262
굴짬뽕라면 · 338
김치돈가스나베 · 294
김치베이컨부리또 · 120
김치숙주부침개 · 090
김치스팸덮밥 · 214
김치어묵칼국수 · 132
깨소스연어샐러드 · 194
꽁치감자조림 · 198
꽁치김치찌개 · 200
꽁치완자 · 204
꽁치육개장 · 202

ㄴ

나가사키짬뽕 · 330
너비아니깻잎쌈밥 · 290
너비아니무쌈 · 288
너비아니부추샐러드 · 286
너비아니오니기라즈 · 284

ㄷ

단호박크림파스타 · 348
달걀밥전 · 038
달걀버터밥 · 024
달걀볶음밥 · 042
달걀샌드위치 · 034
달걀우동 · 026
달걀잡채부침 · 028
달걀치즈피자 · 044
닭가슴살미소된장국 · 244
닭가슴살카레샐러드 · 248
닭고기양파전 · 250
닭고기장조림 · 242
대하콩나물찜 · 086
돈가스롤 · 296
돈가스샌드위치 · 298
돼지고기짜장볶음 · 322
두부국수 · 056
두부데리야키덮밥 · 050
두부두루치기 · 058
두부샐러드 · 060
두부스팸조림 · 212
두부채소조림 · 054
땅콩소스라면샐러드 · 336
떡갈비데리야키덮밥 · 282
떡갈비비빔밥 · 280
뚝배기만두 · 268

ㄹ

라볶이 · 334

ㅁ

마늘종베이컨말이 · 116
마카로니카레샐러드 · 310
만두그라탱 · 266
만두떡강정 · 260
만두전골 · 264
맛살미역냉채 · 156
맛살채소볶음 · 160
맛살채소전 · 152
맛살파강회 · 154
매운두부전골 · 066
매운어묵김밥 · 130
매운치즈돈가스 · 302
매콤뚝배기파스타 · 340
명동칼국수 · 326

ㅂ

밥도그 · 102
베이컨버섯윔샐러드 · 118
베이컨스크램블드에그 · 040
봉골레라면 · 332
불고기도리아 · 350
브런치감자 · 124
비빔만두 · 258

ㅅ

사골떡만둣국 · 328
사과소스베이컨샐러드 · 128
삼겹살숙주찜 · 092
삼선만둣국 · 256
소고기콩나물비빔밥 · 072
소시지스튜 · 100

ㅅ

소시지채소볶음 · 104
스팸감자볶음 · 218
스팸꼬치전 · 222
스팸월남쌈 · 220
스팸코브샐러드 · 216

ㅇ

양념치즈핫바 · 142
양배추베이컨볶음 · 126
어묵냄비우동 · 144
어묵마늘종볶음 · 150
어묵마요무침 · 146
어묵매운탕 · 148
어묵양파덮밥 · 140
어묵잡채 · 134
어묵조개탕 · 138
어묵콩나물조림 · 136
연두부수프 · 070
연어감자전 · 192
연어주먹밥구이 · 190
연어토스트 · 188
오이햄볶음 · 110
옥수수참치전 · 226
일본식게살달걀부침 · 036
일본식두부튀김 · 062

ㅈ

쟁반짜장 · 324
중국식두부볶음 · 064

ㅊ

차돌박이숙주샐러드 · 088
참치강된장 · 184
참치김치주먹밥 · 176
참치김치죽 · 168
참치리소토 · 182
참치마카로니그라탱 · 178
참치연근전 · 170
참치채소비빔밥 · 174
참치카레밥 · 186
참치케사디야 · 180
청포묵숙주무침 · 096
초간단두부보쌈 · 068
치킨레몬탕수 · 272
치킨베이크 · 246
치킨월도프샐러드 · 276
치킨토르티야랩 · 278
칠리치킨 · 270
칠리크랩샌드위치 · 158

ㅋ

카레돈가스덮밥 · 292
카레볶음우동 · 316
카레부대찌개 · 106
카레부추전 · 308
카레불닭 · 314
카레순두부찌개 · 306
카레피클 · 318
캠핑찌개 · 172
콘소스샐러드 · 224
콘치즈토스트 · 228
콩나물겨자채 · 084
콩나물된장국 · 082

콩나물맛살무침 · 162
콩나물부추무침 · 074
콩나물비빔국수 · 076
콩나물오징어국밥 · 078
콩나물제육볶음 · 080
크랜베리치킨샌드위치 · 252
크림소스홍합찜 · 346

ㅌ

토르티야카레치즈딥 · 312
토마토달걀탕 · 032
토마토소스해물찜 · 342
튜나멜트샌드위치 · 166

ㅍ

파닭 · 274
포차달걀말이 · 048
포테이토피자 · 344

ㅎ

해물숙주볶음 · 094
해물짜장덮밥 · 320
햄마끼 · 108
햄오므라이스 · 112
햄크로켓 · 114
홍차달걀장조림 · 030

B

BLT샌드위치 · 122

Index
요리종류별

한 그릇 요리
- 가츠동 · 300
- 골뱅이비빔쫄면 · 230
- 교리김밥 · 046
- 구운연어덮밥 · 196
- 굴짬뽕라면 · 338
- 김치돈가스나베 · 294
- 김치스팸덮밥 · 214
- 김치어묵칼국수 · 132
- 나가사키짬뽕 · 330
- 단호박크림파스타 · 348
- 달걀버터밥 · 024
- 달걀볶음밥 · 042
- 달걀우동 · 026
- 두부데리야키덮밥 · 050
- 떡갈비데리야키덮밥 · 282
- 떡갈비비빔밥 · 280
- 라볶이 · 334
- 만두그라탱 · 266
- 매운묵김밥 · 130
- 매운치즈돈가스 · 302
- 매콤뚝배기파스타 · 340
- 명동칼국수 · 326
- 봉골레라면 · 332
- 불고기도리아 · 350
- 비빔만두 · 258
- 사골떡만둣국 · 328
- 삼선만둣국 · 256
- 소고기콩나물비빔밥 · 072
- 어묵양파덮밥 · 140
- 쟁반짜장 · 324
- 차돌박이숙주샐러드 · 088
- 참치김치죽 · 168
- 참치리소토 · 182
- 참치마카로니그라탱 · 178
- 참치채소비빔밥 · 174
- 참치카레밥 · 186
- 카레돈가스덮밥 · 292
- 카레볶음우동 · 316
- 해물짜장덮밥 · 320
- 햄오므라이스 · 112

메인요리
- 고등어김치말이찜 · 210
- 달걀치즈피자 · 044
- 대하콩나물찜 · 086
- 만두전골 · 264
- 매운두부전골 · 066
- 삼겹살숙주찜 · 092
- 스팸월남쌈 · 220
- 일본식게살달걀부침 · 036
- 초간단두부보쌈 · 068
- 치킨레몬탕수 · 272
- 칠리치킨 · 270
- 카레불닭 · 314
- 콩나물제육볶음 · 080
- 크림소스홍합찜 · 346
- 토마토소스해물찜 · 342
- 파닭 · 274
- 포차달걀말이 · 048
- 포테이토피자 · 344
- 해물숙주볶음 · 094

국물요리
- 고등어김치말이찜 · 210
- 고추장두부찌개 · 052
- 굴짬뽕라면 · 338
- 김치돈가스나베 · 294
- 꽁치감자조림 · 198
- 꽁치김치찌개 · 200
- 꽁치육개장 · 202
- 나가사키짬뽕 · 330
- 닭가슴살미소된장국 · 244
- 두부국수 · 056
- 두부두루치기 · 058
- 뚝배기만두 · 268
- 만두떡강정 · 260
- 만두전골 · 264
- 매운두부전골 · 066
- 명동칼국수 · 326
- 사골떡만둣국 · 328
- 삼선만둣국 · 256
- 소시지스튜 · 100
- 어묵냄비우동 · 144
- 어묵매운탕 · 148
- 어묵조개탕 · 138
- 연두부수프 · 070
- 카레부대찌개 · 106
- 카레순두부찌개 · 306
- 캠핑찌개 · 172
- 콩나물된장국 · 082
- 콩나물오징어국밥 · 078
- 토마토달걀탕 · 032

밥
- 가츠동 · 300
- 교리김밥 · 046
- 구운연어덮밥 · 196
- 김치베이컨부리또 · 120

김치스팸덮밥 · 214
너비아니깻잎쌈밥 · 290
너비아니오니기라즈 · 284
달걀버터밥 · 024
달걀볶음밥 · 042
돈가스롤 · 296
두부데리야키덮밥 · 050
떡갈비데리야키덮밥 · 282
떡갈비비빔밥 · 280
매운어묵김밥 · 130
밥도그 · 102
불고기도리아 · 350
소고기콩나물비빔밥 · 072
어묵양파덮밥 · 140
연어주먹밥구이 · 190
참치김치주먹밥 · 176
참치김치죽 · 168
참치리소토 · 182
참치채소비빔밥 · 174
참치카레밥 · 186
카레돈가스덮밥 · 292
콩나물오징어국밥 · 078
해물짜장덮밥 · 320
햄마끼 · 108
햄오므라이스 · 112

면
골뱅이비빔쫄면 · 230
굴짬뽕라면 · 338
김치어묵칼국수 · 132
나가사키짬뽕 · 330
단호박크림파스타 · 348
달걀우동 · 026

두부국수 · 056
라볶이 · 334
매콤뚝배기파스타 · 340
명동칼국수 · 326
봉골레라면 · 332
어묵냄비우동 · 144
쟁반짜장 · 324
참치마카로니그라탱 · 178
카레볶음우동 · 316
콩나물비빔국수 · 076

즉석반찬
골뱅이마늘튀김 · 232
골뱅이묵무침 · 234
골뱅이채소볶음 · 236
김치숙주부침개 · 090
꽁치완자 · 204
너비아니무쌈 · 288
달걀밥전 · 038
달걀잡채부침 · 028
닭고기양파전 · 250
돼지고기짜장볶음 · 322
두부채소조림 · 054
마늘종베이컨말이 · 116
맛살채소전 · 152
맛살파강회 · 154
브런치감자 · 124
소시지채소볶음 · 104
스팸꼬치전 · 222
양배추베이컨볶음 · 126
연어감자전 · 192
옥수수참치전 · 226
일본식게살달걀부침 · 036

일본식두부튀김 · 062
중국식두부볶음 · 064
참치연근전 · 170
청포묵숙주무침 · 096
카레부추전 · 308
포차달걀말이 · 048

저장반찬
고등어쌈장 · 208
고등어엿장조림 · 206
골뱅이콩나물무침 · 240
닭가슴살카레샐러드 · 248
닭고기장조림 · 242
두부스팸조림 · 212
맛살미역냉채 · 156
맛살채소볶음 · 160
스팸감자볶음 · 218
어묵마늘종볶음 · 150
어묵마요무침 · 146
어묵잡채 · 134
어묵콩나물조림 · 136
오이햄볶음 · 110
참치강된장 · 184
카레피클 · 318
콩나물겨자채 · 084
콩나물맛살무침 · 162
콩나물부추무침 · 074
홍차달걀장조림 · 030

전 & 부침요리
김치숙주부침개 · 090
꽁치완자 · 204

달걀밥전 · 038
달걀잡채부침 · 028
닭고기양파전 · 250
맛살채소전 · 152
스팸꼬치전 · 222
연어감자전 · 192
일본식게살달걀부침 · 036
참치연근전 · 170
카레부추전 · 308

가벼운 한 끼 & 간식

골뱅이마늘튀김 · 232
김치베이컨부리또 · 120
너비아니오니기라즈 · 284
달걀샌드위치 · 034
달걀치즈피자 · 044
돈가스샌드위치 · 298
땅콩소스라면샐러드 · 336
마늘종베이컨말이 · 116
밥도그 · 102
베이컨스크램블드에그 · 040
브런치감자 · 124
스팸코브샐러드 · 216
양념치즈핫바 · 142
연어주먹밥구이 · 190
연어토스트 · 188
참치김치주먹밥 · 176
참치케사디야 · 180
치킨베이크 · 246
치킨월도프샐러드 · 276
치킨토르티야랩 · 278
칠리크랩샌드위치 · 158
콘치즈토스트 · 228

크랜베리치킨샌드위치 · 252
토르티야카레치즈딥 · 312
튜나멜트샌드위치 · 166
포테이토피자 · 344
햄마끼 · 108
햄크로켓 · 114
BLT샌드위치 · 122

김밥 & 롤 & 주먹밥 & 크로켓

교리김밥 · 046
너비아니깻잎쌈밥 · 290
너비아니오니기라즈 · 284
돈가스롤 · 296
매운어묵김밥 · 130
밥도그 · 102
연어주먹밥구이 · 190
참치김치주먹밥 · 176
햄크로켓 · 114

샌드위치

달걀샌드위치 · 034
돈가스샌드위치 · 298
연어토스트 · 188
칠리크랩샌드위치 · 158
콘치즈토스트 · 228
크랜베리치킨샌드위치 · 252
튜나멜트샌드위치 · 166
BLT샌드위치 · 122

샐러드

골뱅이발사믹샐러드 · 238
군만두샐러드 · 262
깨소스연어샐러드 · 194
너비아니부추샐러드 · 286
닭가슴살카레샐러드 · 248
두부샐러드 · 060
땅콩소스라면샐러드 · 336
마카로니카레샐러드 · 310
베이컨버섯웜샐러드 · 118
비빔만두 · 258
사과소스베이컨샐러드 · 128
스팸코브샐러드 · 216
차돌박이숙주샐러드 · 088
치킨월도프샐러드 · 276
콘소스샐러드 · 224

토르티야요리

김치베이컨부리또 · 120
달걀치즈피자 · 044
참치케사디야 · 180
치킨베이크 · 246
치킨토르티야랩 · 278
토르티야카레치즈딥 · 312
포테이토피자 · 344